Fabrice COL

# NEYMAR

## Le magicien

Hugo Jeunesse

# 1

## MOGI DAS CRUZES

Il s'appelait Neymar da Silva Santos, et il aimait le football par-dessus tout. Très jeune, il était parti jouer au Tanabi Esporte Clube, une équipe de banlieue de São Paulo au Brésil. Puis il avait rallié les rangs d'un autre club, l'Iturama, mais il avait attrapé la tuberculose et avait dû mettre sa carrière naissante entre parenthèses – à 19 ans. Rester sans rien faire était exclu ; la famille de Neymar ne roulait pas sur l'or. Le jeune homme résolut donc de travailler avec son père, dans son garage. Rapidement, cependant, il reçut une proposition d'une autre équipe : le Jabaquara Atlético Clube, à Santos, dans le quartier de la Caneleira. Fondée par des immigrants espagnols en 1914, cette formation-là avait une sacrée histoire, elle avait connu des moments de gloire dans les années 1940 et 1950. Mais pour Seu Ilzemar, le père de Neymar, ce n'était pas suffisant : « À quoi ça te sert, de jouer au foot ? Regarde : tu gagnes bien ta vie, tu t'occupes de belles voitures. Tu espères quoi ? Jouer pour l'équipe nationale du Brésil ? »

Neymar attendait que l'orage passe. Comment faire comprendre ça à son père ? Comment lui expliquer sa passion pour le ballon rond, la joie, l'excitation qu'il éprouvait quand il entrait sur un terrain ? Le foot, on l'a dans le sang, ou on ne l'a pas. Son père lui parlait d'argent... Allons, il savait bien qu'il ne deviendrait jamais riche en jouant ailier droit dans un petit club de Santos ! Mais il s'en moquait éperdument. Pendant la semaine, il s'affairait au garage. Et le week-end, c'était match. Le maillot jaune et rouge de Jabaquara. Les courses, les dribbles, les tirs – la liberté, la délivrance, bon sang !

Lors du printemps 1989, à l'occasion d'une rencontre contre l'União de Mogi das Cruzes, qui évoluait en Série A3 – un cran au-dessus de Jabquara, donc –, le jeune homme se mit particulièrement en valeur. À tel point que l'arbitre, qui connaissait du beau monde, parla de lui aux dirigeants de l'União de Mogi en des termes enthousiastes. Ces derniers se déclarèrent « intéressés ». Ils pouvaient, affirmaient-ils, proposer un bon contrat à cette jeune pousse. Le père de Neymar, de nouveau, secouait la tête : « Voilà autre chose... »

Située à sept cent quatre-vingts mètres d'altitude, non loin de São Paulo, mais du côté de la mer, Mogi das Cruzes était une ville en pleine expansion, bordée de montagnes. Neymar, tout heureux, s'en alla rencontrer les dirigeants. L'affaire était entendue : ils voulaient le voir en action. Sans tergiverser, ils l'envoyèrent rejoindre les autres joueurs à l'entraînement. Le jeune homme sut saisir sa chance. Il donna tout ce qu'il avait. Son jeu de jambes était dévastateur, ses débordements redoutables. Sur son aile droite, il essayait de participer efficacement à la construction du jeu.

Les dirigeants de Mogi das Cruzes se montrèrent satisfaits. Vraiment, ils étaient prêts à enrôler Neymar dans leur équipe. À lui faire signer un contrat, même. Le jeune ailier était aux anges. Avec de l'argent à la clé ? Eh oui. Une belle somme, même, pour un engagement allant, dans un premier temps, jusqu'au mois de décembre. Son père allait en tomber sur le derrière ! Mais Neymar, malgré son jeune âge, avait la tête sur les épaules. Il fit la moue, joua les difficiles : « Je ne sais pas. Je vais réfléchir… » Les dirigeants le dévisageaient, interdits. En voilà un qui avait l'air de savoir ce qu'il voulait…

Le jeune joueur rentra chez lui et attendit en se rongeant les ongles. Très vite, le président de l'União de Mogi le rappela :

– Le staff et moi, nous avons discuté. Nous doublons ton salaire, et tes primes avec. Qu'est-ce que tu en dis ?

Neymar essaya de prendre un air détaché :

Ça mérite réflexion.

Il retourna à Mogi et, évidemment, parapha le contrat.

Ses débuts se révélèrent prometteurs. En Série A3, le rythme soutenu des rencontres lui permit de se mettre rapidement en valeur. Très vite, d'autres formations manifestèrent leur intérêt. Résultat ? Des hommes d'affaires proches du club rachetèrent les droits de Neymar pour éviter qu'il quitte le club. Un accord fut trouvé : pendant les six premiers mois de l'année, l'ailier droit jouait pour Mogi. Puis, une fois le Championnat de l'État pauliste achevé, il était prêté à d'autres clubs de la région, comme le Coritiba FC.

Il ne gagnait pas des fortunes mais, évidemment, il touchait beaucoup plus d'argent que s'il était resté à travailler au garage avec son père. Dès qu'il le put, il acheta une petite maison à ses parents, dans la région de la Baixada Santista, non loin de Santos. C'était bon de pouvoir gagner confortablement sa vie en faisant ce qu'il aimait ! C'était formidable, surtout, de pouvoir rendre à ses parents ce qu'ils leur avaient donné, à sa sœur, à son frère, et à lui...

2

# UN JÚNIOR ATTENDU

Neymar était heureux. Il le fut encore plus, en février 1992, lorsqu'un événement qu'il attendait – et espérait – depuis longtemps vint couronner sa vie de couple.

Le jeune footballeur se trouvait chez lui ce jour-là lorsque sa femme, chancelante, se présenta sur le seuil du salon. Elle se retenait au chambranle, et son sourire ressemblait à une grimace : « Je crois... Je crois que je suis en train de perdre les eaux. » Neymar bondit comme un ressort. Vite, à la maternité ! Il mit sa femme dans la voiture et démarra en trombe : « Ça va, chérie ? Tu tiens le coup ? »

Nadine hocha la tête en se tenant le ventre. Fille, garçon ? Les futurs parents n'en avaient aucune idée. Ils auraient pu faire une échographie pour en avoir le cœur net mais c'était un examen qui coûtait très cher et ils avaient décidé de s'en passer.

Ils arrivèrent à Santa Casa de Misericórdia, un grand bâtiment à la façade blanc et bleu, où la jeune femme fut tout de suite prise en charge. L'accouchement se passa aussi bien que possible. Au bout de quelques heures d'efforts, un petit garçon gémissant fut présenté à sa mère qui le contemplait, les larmes aux yeux. Le nouveau-né pesait trois kilos sept cent quatre-vingts. Un beau bébé en pleine forme !

– Mon trésor, souffla sa mère, bouleversée. Comme tu es joli ! Et ce regard malicieux ! Comment allons-nous t'appeler ?

Ils en avaient discuté, bien sûr, avec son père – pour l'instant, c'était Mateus, une idée de Nadine. Mais Neymar n'était pas pleinement convaincu.

– Tu sais quoi ? souffla-t-il à son épouse, qui caressait tendrement le visage du nouveau-né. On va attendre. Rien ne presse.

Nadine haussa un sourcil. Elle était décontenancée, mais pas totalement surprise ; son époux avait l'habitude de prendre des décisions au dernier moment. Bientôt, les parents et l'enfant rentrèrent chez eux, ramenés par un préparateur physique ; à l'époque, ils logeaient dans un appartement que l'União Mogi louait pour Neymar.

Une semaine plus tard, alors qu'il sortait de chez lui pour déposer sa déclaration auprès des autorités, le jeune père était toujours convaincu que son fils allait s'appeler Mateus. Quand il arriva devant le préposé, cependant, il avait changé d'avis. Ce serait Neymar, comme lui ! Neymar da Silva Santos Júnior, pour être complet !

Tout fier, il rentra chez lui. Nadine berçait le petit contre elle.

– Il a pleuré, expliqua-t-elle. Dès la seconde où tu es parti. Tu veux le prendre ?

Neymar secoua la tête, embarrassé. Il avait du mal à l'avouer, mais il n'était pas rassuré. Une si petite chose, son fils – incroyablement fragile !

Pendant quelque temps, il se révéla incapable de le prendre seul dans ses bras. Et s'il panique ?

Et s'il a mal, et que je ne le sais pas ? Et si... non mais, imagine ? Si je le laisse tomber ?

À demi amusée, Nadine secouait la tête.

– Allons, ne sois pas ridicule. Tous les pères prennent leur fils dans leurs bras. Il s'y sentira très bien, tu verras.

Gorge serrée, Neymar Senior (c'était ainsi qu'il fallait l'appeler, désormais) finit par accepter l'offrande. Paupières mi-closes, béat, il berçait le petit contre lui : « Toi et moi, nous allons faire de grandes choses. »

3

# NEYMAR SENIOR

De grandes choses, Neymar Senior en faisait déjà parfois sur les terrains de football. Ce n'était pas, tant s'en fallait, le plus grand footballeur que le Brésil ait jamais vu jouer (la concurrence était bien trop rude au sein de ce pays qui professait un amour immodéré pour le ballon rond), mais c'était un authentique créateur, assez adroit balle au pied et doté d'une solide vision du jeu. Avec ses chaussettes remontées, son petit bouc bien taillé, ses cuisses solides et sa vitesse de course, il donnait souvent le tournis aux défenses adverses. Peut-être, avec davantage de chance, aurait-il pu connaître une carrière florissante. Mais, de plus en plus souvent, son corps avait du mal à suivre. Hélas, il y avait une bonne raison à cela, un événement (encore un !), mais celui-ci avait bien failli tourner à la catastrophe.

Un dimanche de juin 1992 – quatre mois environ après la naissance de Neymar Júnior – ses parents avaient décidé de rendre visite à la famille, dans la région de la Baixada Santista, à une heure de route. Il pleuvait. Neymar Senior était fatigué. Quelques heures plus tôt, il avait livré un match particulièrement rugueux sous les couleurs de l'União. Au côté de sa femme, il évoquait la rencontre en question, la suite de la saison, les espoirs qu'il caressait. Le petit Neymar Júnior, lui, dormait tranquillement à l'arrière, bercé par ses rêves.

— Roule doucement, avait murmuré plusieurs fois Nadine, voyant que la route qui descendait de la montagne – une seule voie, et à double sens – devenait particulièrement glissante.

Soudain, au détour d'un virage, une voiture surgit en sens inverse. Le conducteur fit un brusque écart sur la gauche, mais trop tard : le véhicule les heurta de plein fouet, enfonçant la portière. Neymar Senior hurla. Une douleur fulgurante lui avait traversé la jambe. Malgré tout, et tant bien que mal, il s'efforça de freiner. Quand la voiture s'immobilisa enfin, sous l'averse, elle se trouvait... au bord d'un précipice. Une rivière coulait, en contrebas, les passagers étaient quasi suspendus au-dessus du vide. Le père de Neymar, dont le bassin était disloqué, et qui ne sentait plus sa jambe, était bloqué par sa ceinture. Il haletait, il gémissait : « Oh, mon Dieu, je suis en train de mourir ! » Sa femme, elle, était indemne, mais elle ne pouvait pas ouvrir sa portière sans risquer la chute. Il fallait qu'elle sorte par l'arrière, en passant par la vitre brisée. Soudain, son époux s'agita. Pourquoi n'entendait-on pas le bébé, hein ? Nadine ?

La mère se pencha, et retint un gémissement de terreur. L'enfant n'était plus dans son siège ! Son père, qui ne pouvait se retourner, mais qui sentait bien que quelque chose clochait, commençait à balbutier...

– Où est-il ? Nadine, dis-moi ce qui se passe ! Est-ce qu'il est...

La mère secoua la tête. Son petit. Son trésor. Avait-il... Doux Jésus, avait-il été projeté ? Impossible, non, impensable ! Elle voulait parler, mais aucun mot ne sortait.

Neymar Senior, qui souffrait comme un damné, se mit à murmurer une prière. Mon Dieu, pas mon fils, s'il vous plaît, pas lui ! Prenez-moi. Prenez-moi à sa place ! Je suis presque mort de toute façon !

Il délirait, paupières mi-closes.

Au bout de ce qui lui sembla une éternité, les secours arrivèrent enfin. D'autres voyageurs, qui avaient été témoins de l'accident, avaient donné l'alerte, après avoir fait sortir Nadine. Quand soudain...

– Hé ! Le bébé est là !

Un secouriste se retourna en souriant. Le bébé ! Neymar Júnior ! Sous la banquette !

Des mains l'extirpèrent, pleurant doucement, couvert de sang, mais c'était bon signe qu'il pleure, n'est-ce pas ?

– Est-ce qu'il est blessé ? s'égosillait le père. Seigneur, pourquoi personne ne me répond !

Nadine tremblait. Un homme la soutenait, un autre avait allongé l'enfant dans l'herbe, près du véhicule cabossé, et l'examinait, à la recherche de blessures.

Finalement, on ouvrit en grand les portes d'une ambulance, et le trio fut conduit à l'hôpital, accompagné par une sirène hurlante. Neymar Senior, qui était sur le point de perdre connaissance, s'abandonna aux bras des soignants. Il gémissait : « Mon fils... Est-ce que mon fils va bien ? »

On le rassura, tant bien que mal ; il faudrait longtemps avant qu'il soit pleinement soulagé.

Neymar Júnior, pourtant, n'avait rien : rien d'autre qu'une coupure au front, causée par un éclat de verre. Du sang avait coulé, mais ce n'était pas grave, seulement spectaculaire. Un miracle, répétait sa mère. On désinfecta le bébé, on lui fit un bandage au front : à part ça, il se portait comme un charme.

Pour son père, le tableau était moins reluisant. Il souffrait d'une dislocation du bassin, une blessure vraiment sérieuse, impossible à plâtrer. Une ceinture spéciale fut fabriquée, qui maintenait une partie de la hanche en l'air. Quand le malheureux rentra enfin chez lui, on lui annonça qu'il allait devoir rester quatre mois à la maison, sans bouger ou presque.

Des larmes lui montèrent aux yeux. Quatre mois sans foot, évidemment, mais quatre mois, surtout, pendant lesquels il ne pourrait ni jouer avec son fils, ni le prendre dans ses bras, alors qu'il commençait méchamment à y prendre goût.

Pendant les premières semaines, la situation était d'autant plus délicate que tout l'attirail dont était affublé son père effrayait le petit garçon. Réduit à l'impuissance, le blessé ne pouvait que regarder sa femme s'occuper de leur enfant, seule. Le soir venu, il n'était pas rare qu'il s'endorme en pleurant, de douleur, un peu, de frustration, beaucoup. On lui volait ses premiers mois de père. Qui pourrait les lui rendre ?

Peu à peu, pourtant, les sangles furent desserrées, les appareils ôtés, et le long travail de rééducation commença. Bientôt, ce qui paraissait inenvisageable quelques mois plus tôt redevint un rêve tangible. Et la bonne nouvelle tomba : non seulement Neymar Senior pourrait remarcher, mais il pourrait courir de nouveau, aussi, et taper dans un ballon. À cette époque, sa petite tribu et lui vivaient dans un modeste appartement payé par l'União de Mogi, au quatrième étage d'une résidence de la rue Ezelino-da-Cunha-Glória, dans un quartier résidentiel, à quelques kilomètres du centre-ville ; des bâtiments pâles, au pied de la puissante montagne d'Itapeti. C'est ici que le jeune enfant aux cheveux bouclés fit ses premiers pas, ici, aussi, qu'il commença à taper dans un ballon.

Neymar Senior reprit donc le chemin des terrains. Au début, fou de joie, il pensa que tout allait recommencer exactement comme avant. Mais, on l'a vu, ce ne fut pas le cas. Son accident l'avait fragilisé. Souvent blessé, il avait de plus en plus de mal à récupérer. De toute évidence, l'âge, également, se faisait sentir. Lorsque les entraînements se passaient bien, ils l'épuisaient, et il arrivait en miettes le jour du match. S'il essayait de s'économiser, au contraire, il avait du mal à suivre pendant toute la rencontre. Son coach, ses partenaires, étaient inquiets :

Hey, mon vieux, tu es sûr que ça va ? Tu n'as pas l'air dans ton assiette.

L'ailier secouait la tête. Il faisait tout son possible pour rester au niveau mais, de toute évidence, ses beaux jours étaient derrière lui.

Le 31 mai 1995, l'União Mogi disputa un match amical contre la grande équipe du Santos FC. Neymar Júnior, qui avait fêté ses 3 ans quelques mois auparavant, se trouvait dans les tribunes, avec sa mère. Le stade était plein comme un œuf et, fait exceptionnel, la télévision était présente. Oh, elle n'était pas là pour le père de Neymar, non. Ce jour-là, dans l'équipe de Santos, jouait, au poste de gardien de but, un certain Edinho, le fils de Pelé, la légende éternelle du football brésilien. Conscient de la formidable occasion que cette exposition représentait, Neymar Senior s'efforça, pendant l'essentiel de la partie, de traîner aux abords de la surface adverse, le plus près possible du goal. Peine perdue... Ce jour-là, il ne marqua pas, et ne parvint pas vraiment à se mettre en évidence.

Mais pour un certain petit garçon de 3 ans debout dans les tribunes, battant des mains et criant à chaque action, il était simplement le meilleur, le plus beau, le plus grand.

4

# L'ENFANT D'UN RÊVE

Bientôt, le statut de joueur professionnel qui avait été octroyé à Neymar Senior lui fut ôté. Les résultats ne suivaient plus. Conséquence ? Les contrats qu'on lui proposait devenaient moins intéressants, et moins longs. À n'importe quel moment, ils pouvaient être rompus en cas de blessure – une épée de Damoclès au-dessus de la tête du joueur. Combien de temps tiendrait-il ainsi ?

Après Neymar Júnior, Rafaela, la fille de Nadine et de Neymar Senior, vit le jour en mars 1996. Son père avait plus de 30 ans. Il manquait de temps pour s'occuper correctement de ses enfants, et la situation commençait à lui peser. Pendant des années, il avait navigué d'un club à l'autre, déménageant souvent et, à chaque fois, emmenant sa petite tribu avec lui. Sa femme et lui étaient forcés de changer sans cesse Neymar Júnior d'école. C'était fatigant pour eux et inconfortable pour leur fils, qui n'avait jamais le temps de se faire des amis. Revenue à São Vicente, la famille s'était installée dans le quartier Nautico 3, dans la maison des parents de Neymar Senior.

Côté football, malgré quelques coups d'éclat, les choses devenaient trop compliquées. Les rêves de gloire de Neymar Senior s'étaient étiolés depuis longtemps. Renoncer au foot, cependant, c'était une autre paire de manches : on ne tourne pas aisément le dos à ses rêves d'enfant. Reste que le jeune père n'avait plus le choix. Il fallait qu'il arrête les frais avant de se blesser vraiment. Et qu'il se tourne vers l'avenir.

Et Neymar Júnior était l'avenir. Ce gamin intenable qui, lui aussi, était né avec le foot dans le sang. Dès qu'il avait été en âge de se tenir debout, son père lui avait collé un ballon entre les pieds. Le rêve d'enfant était devenu l'enfant d'un rêve.

Neymar Júnior avait 6 ans lorsqu'une chose assez extraordinaire arriva. Une fois de plus, avec sa mère, il était allé voir son père disputer un match. Mais cette fois, ce n'était pas au football que son père s'essayait, mais au « futsal » – une version « réduite » du sport-roi, qui se jouait à cinq contre cinq, généralement dans un gymnase. Dans les tribunes de Santos, tout en surveillant la rencontre du coin de l'œil, le jeune garçon montait et descendait les gradins à toute vitesse – pour rien, juste parce qu'il avait besoin de se dépenser. Spectacle fascinant que celui de ce diablotin bourré d'énergie, courant et sautant sans ballon, tandis qu'en contrebas, sur le terrain, des joueurs adultes s'employaient pareillement, mais semblaient se déplacer trois fois moins vite.

Mains dans les poches, front plissé, un homme suivait des yeux le garnement que sa mère rappelait désespérément à l'ordre.

Cet homme s'appelait Betinho, et c'était un entraîneur local fort expérimenté, réputé pour son flair. Il n'arrivait pas à quitter le petit coureur des yeux. Quelle pile électrique, celui-là !

Il sourit. Il savait qui il était, et pourquoi il se trouvait là : il l'avait aperçu avec son père, un peu avant, un joueur de foot qui avait eu sa petite heure de célébrité, quelques années plus tôt. Neymar, c'est ça ? Et cette grande femme élancée, là-bas, qui tendait les bras vers lui : sa mère, sans aucun doute. Le coach se gratta la nuque. Si ce petit héritait du meilleur de chacun de ses parents, ça pouvait donner quelque chose d'intéressant.

Ce jour-là, après la rencontre, Betinho descendit échanger quelques mots avec le père du petit garçon, occupé à s'essuyer les cheveux avec une serviette.

– Il joue au foot, votre gamin ?

Sourcil arqué, l'autre le dévisagea avec étonnement.

– Lui ? Il ne fait que ça. Au parc, dans la rue, dans le salon, dans sa chambre... Vous lui mettez un ballon dans les pieds et il se met à dribbler, c'est proprement infernal. Les tables, les chaises. Un espace de quatre mètres carrés, ça lui suffit. Ça ne le quitte pas, le foot, c'est une obsession. Il faut le voir pour le croire.

– Là, je l'ai vu. Mais sans ballon.

– Et ?

– J'aimerais bien le voir avec. Simple curiosité. Peut-être que ça l'intéresserait de jouer au futsal ? C'est très bien, le futsal, pour les enfants, et si votre garçon aime le dribble et la technique, il risque d'adorer !

Neymar Senior opina, mais ne répondit pas tout de suite. Rentré chez lui, il prit, auprès de certaines de ses connaissances, des renseignements sur ce Betinho. Tout le monde lui répondit à peu près la même chose. Cet homme n'était pas n'importe qui : une partie de son travail consistait à repérer les talents de demain. Peut-être que ça valait la peine qu'il voie Neymar Júnior à l'œuvre, comme il le disait ? Après tout, quel était le risque ?

Assis à la table du salon, sirotant un verre de jus de fruits, Neymar Senior regardait son garçon faire des jongles, il sourit à sa femme. Depuis un moment, faute de fonds, ils habitaient tous les quatre chez son père, Seu Ilzemar. Et ils dormaient dans la même chambre, sur un matelas king size. En face de ce matelas : une grande malle et une armoire. Pas beaucoup de place pour jouer, donc, et encore moins pour apprendre à dribbler, mais Neymar Júnior semblait s'en contenter. Il multipliait les passements de jambes, tapotait le ballon du bout des pieds puis shootait et sautait sur son lit pour intercepter le tir. Buteur et gardien ! De temps à autres, quand sa sœur ou ses cousines traînaient dans le coin, il les mettait à contribution : « Toi, tu ne bouges pas, tu vas faire le poteau, d'accord ? » Résignées, les fillettes se laissaient placer comme des plots aux endroits stratégiques. Balle au pied, Neymar slalomait entre elles sans même les effleurer.

À d'autres moments, quand les adultes n'étaient pas là, il s'appropriait carrément le salon. Il laissait tomber la balle à ses pieds, la contrôlait d'un amorti et, sans attendre, entamait une série de grigris à en perdre la tête. Parfois, il se cognait contre un meuble. Il s'arrêtait alors, indigné, et fixait dans le blanc des yeux un arbitre imaginaire : « Vous avez vu ? Monsieur, vous avez vu, ou pas ? Il y a faute, non ? » Un mur, un guéridon, un petit meuble d'angle constituaient autant d'adversaires ou, parfois, de partenaires avec qui tenter des une-deux. Lorsque son pied droit, celui avec lequel il se sentait le plus habile, donnait des signes de fatigue, il se servait du gauche. Hop, amorti de la cuisse, déhanché foudroyant, contrôle tout en finesse... Ou bien jongle, aile de pigeon, reprise de la tête... oups, en plein dans la télévision ! Pfff, heureusement que grand-père n'était pas là pour voir ça !

Épuisé mais comblé, le petit Neymar s'essuyait le front d'un revers de main en contemplant les dégâts. Il progressait, jour après jour. N'empêche que, jouer tout seul, ça n'était pas très amusant.

Parfois, quand il avait le temps, son père, cédant à ses suppliques, l'emmenait à la plage. Il posait le ballon dans le sable et lui montrait les différentes façons de le frapper, en tapotant les différentes parties de sa chaussure. Plat du pied, extérieur, coup de pied, pointe :

Je veux que seule la partie que j'ai touchée entre en contact avec le ballon, tu m'entends ?

Le petit garçon opinait, et appliquait les consignes à la lettre. Fascinant... On pouvait donner des effets au tir, par exemple, en « brossant » le ballon. On pouvait le loger où on voulait. Enfin, on pouvait essayer. Et essayer encore.

5

## UN TALENT HORS DU COMMUN

Entre Neymar Senior et Betinho, des discussions s'étaient engagées. L'entraîneur voulait en apprendre plus sur l'environnement du petit garçon, sur son rapport au jeu en général, et au football en particulier.

Un soir, au café, son père lui parla de sa relation très spéciale à ce sport.

— Déjà, des ballons, il en a je ne sais pas combien. Il en récupère dans des poubelles, il en trouve aux abords des terrains, il les collectionne, c'est assez... déconcertant. On doit en avoir plus de cinquante à la maison. Des ballons neufs, des crevés, des ballons de marque, des ballons d'enfants, des bien gonflés, des cadeaux. Il dort avec !

– Vraiment ?

– Puisque je vous le dis ! Dans sa chambre, c'est littéralement l'invasion. Maintenant, il y en a plein la salle à manger, aussi. Au grand désespoir de sa mère. Ses préférés, ce sont les petits modèles. Parce qu'ils sont plus difficiles à contrôler.

– Première fois que j'entends un truc pareil.

– Ça, je n'en doute pas. Et attention ! Je ne vous raconte pas des histoires parce que c'est mon fils. Je ne suis pas « gaga ». Le ballon est toute sa vie, c'est un fait. Quand il était tout petit, il ne s'agissait que d'un jeu, pour lui. Mais un jour, c'est devenu une autre chanson.

– Et à quand remonte cette passion pour... pour la chose sphérique ?

Neymar Senior sourit.

– Laissez-moi réfléchir... À sa naissance ? Avant ? Il faudrait demander à sa mère : il lui donnait des petits coups de pied dans le ventre. J'exagère, mais pas tant que ça. Il convoitait le ballon, n'importe quel ballon, alors qu'il se déplaçait encore à quatre pattes. Quand il a été en âge de marcher, j'ai commencé à jouer avec lui. Je lui lançais le ballon et il me le renvoyait dans les pieds. À chaque fois, vous saisissez. Pour lui, il ne s'agissait pas juste de taper fort, à l'aveugle, comme le font à peu près tous les gamins de son âge. Pour lui, l'important, c'était le jeu, le geste juste. Il me voyait comme un partenaire, quelqu'un avec qui construire quelque chose, vous voyez ?

– Je vois, en effet. C'est troublant.

– À qui le dites-vous. Ces derniers temps, je le vois jouer avec d'autres, sur le terrain, derrière la maison. Il n'est pas comme les autres. Il contrôle le ballon, attend les moments opportuns. Il fait les passes quand il faut les faire. En résumé, il possède une authentique maturité footballistique. De celles que l'on n'acquiert pas, en général, avant l'adolescence. Je ne suis pas en train de vous vendre mon fils, notez bien – c'est vous qui êtes venu me chercher. Mais vous savez qui je suis, vous savez que je connais très bien le foot. Je ne vais pas vous mentir : je n'ai jamais vu un pareil phénomène.

À cette époque, Betinho occupait un poste d'entraîneur au Clube de Regatas Tumiaru. Il était occupé à former une équipe de garçons nés entre 1991 et 1992 pour disputer un championnat à São Vicente. Le jour où Neymar Senior accepta d'emmener son fils à Tumiaru pour un essai, Betinho applaudit pour la forme... puis en resta comme deux ronds de flan. La façon dont le petit caressait le ballon ! Il était véloce, il tenait incroyablement bien sur ses appuis. Ses dribbles étaient malins, imaginatifs. Il tirait remarquablement les coups de pied arrêtés, et rien ne paraissait lui faire peur...

Betinho se passa une main sur la figure. Son sixième sens ne l'avait pas trahi, et le papa ne s'était pas trompé. Ce gamin était une sorte de... génie ? Bien sûr, il faudrait du travail. Énormément de travail. À Neymar Júnior, il manquait encore de la force, de la résistance. Et puis, il allait falloir qu'il apprenne à jouer en équipe. Mais oh oh, quel potentiel !

Très vite, le sélectionneur l'emmena disputer un tournoi de futsal avec l'équipe de Jabuca de Jabaquara. Le résultat fut sans appel : non seulement Jabuca remporta le trophée, mais Neymar termina meilleur buteur, et fut désigné meilleur joueur du tournoi.

– Qu'est-ce que je vous avais dit ? déclara le coach aux parents du petit prodige, peu de temps après la finale victorieuse. Ce garçon a un talent absolument hors du commun. Il ne faut pas le lâcher. Je ne le lâcherai pas.

Les Neymar avaient déménagé. Ils possédaient maintenant une maison à eux, construite sur un terrain de Praia Grande - une parcelle de douze mètres sur trente – dans le quartier de Jardim Glória. La demeure, peinte en vert, était dotée d'un toit en tôle et d'un vaste patio. Le père l'avait achetée avec l'argent mis de côté durant sa carrière de footballeur. Deux amis l'avaient aidé, l'un lui fournissant des matériaux de construction, l'autre de la main-d'œuvre, tout cela en échange de la participation du jeune retraité aux matchs du samedi et du dimanche des équipes locales.

Dans le jardin, Neymar Senior avait installé un véritable petit terrain, avec du vrai gazon. Un jour, son fils invita des amis pour un match. Il avait plu la veille, et l'herbe n'avait pas eu le temps de sécher. Résultat ? Les joueurs enthousiastes détruisirent littéralement le terrain, faisant voler des mottes de terre dans les airs. Au cours des jours suivants, Neymar Júnior alla se coucher bien plus tôt que d'habitude : avant que son père rentre à la maison. Curieusement, il s'endormait tout de suite. Mieux valait faire profil bas pendant quelque temps...

Sa mère, que la situation amusait, riait moins lorsque, les jours de pluie, son fils organisait des tournois à l'intérieur du logement. Poules, quarts de finale, demi-finales... finale ! À chaque fois, des meubles tremblaient, des vases tombaient, des tableaux se décrochaient... Quand sa mère venait le gronder, Neymar Júnior croisait les bras, boudeur : « Mais maman, il faut bien que je joue ! »

Nadine soupirait, en ramassant les débris. « Il faut », se répétait-elle, apparemment, tout était là. Pour son fils, le football n'était pas une option. C'était une nécessité.

6

# UNE NOUVELLE ÈRE

Neymar Senior avait mis officiellement fin à sa carrière. Et il était parti sur une victoire : le 3 août 1997, avec l'Operário (un club de Várzea Grande), il décrocha une victoire 2-1 contre l'União de Rondonópolis. À la clé ? Un titre de champion du Mato Grosso, l'un des vingt-six États du Brésil. Six mois plus tard, le jeune père de famille passa des tests pour entrer à la CET, la compagnie d'ingénierie du trafic à Santos, où il postulait en tant qu'aide-maçon. À son grand soulagement, il fut reçu. Ce n'était pas le travail rêvé, mais il y avait largement pire et, de toute façon, il fallait bien qu'il gagne sa vie.

La CET, à cette époque, œuvrait à la réorganisation des arrêts de bus. Pour commencer, Neymar Senior fut affecté à la construction de nouveaux abris pour les usagers. Il finissait la chaussée, posait de la mosaïque portugaise, plantait des poteaux, etc. Assez vite, il monta en grade. On lui demanda de s'occuper des motos de la police militaire et de la CET. Voilà qui cadrait mieux avec sa passion pour la mécanique. Le salaire, cependant, restait fort modeste – à peine de quoi nourrir la famille. C'est pourquoi l'ex-footballeur, pour mettre du beurre dans les épinards, se mit à travailler pour la firme Panasonic® ; il vendait des purificateurs d'eau.

C'étaient, pour lui, des moments difficiles. Parfois, il avait du mal à joindre les deux bouts ; une facture d'électricité pouvait se transformer en un problème épineux. « Ne t'inquiète pas, lui soufflait Nadine en lui caressant le dos, au pire, on a des bougies. Et puis, regarde les enfants, est-ce qu'ils ont l'air malheureux ? »

Sur ce point, elle avait raison. Neymar Júnior et sa petite sœur couraient comme des fous à travers le salon. Les soucis d'argent des grands n'avaient pas l'air de les perturber. Leur père soupira. De temps à autre, on lui proposait de rechausser les crampons.

Peut-être sa carrière n'était-elle pas complètement terminée ?

Chaque fois, pourtant, la mort dans l'âme, il déclinait. Trop risqué. Trop hasardeux. Il avait une famille à élever.

Neymar Júnior commença à pratiquer le futsal à l'âge de 7 ans, au Gremetal, puis au Tumiaru de São Vicente. Sa technique tout en finesse émerveillait les observateurs. Betinho, qui ne lâchait pas son protégé d'une semelle, l'avait pris sous son aile de A à Z, lui servant même, à l'occasion, de chauffeur, pour l'emmener au gymnase. Par ailleurs, le talent du jeune joueur était si éclatant que, très vite, son père commença à négocier des « compensations ». De simples paniers-repas pour commencer, puis des bourses d'études, afin qu'il puisse continuer à suivre une bonne scolarité. Après une éreintante journée – études plus entraînement, l'enfant étant inscrit à l'école municipale José-Júlio-Martins-Baptista –, Betinho le ramenait chez lui : « Maintenant, repose-toi. Tu as une tête de mort-vivant. » Neymar acquiesçait sagement. Puis, dès que la voiture de son coach avait disparu au coin de la rue, il partait retrouver ses copains, pour taquiner de nouveau le ballon.

En salle, il commençait à se tailler une réputation intéressante. Les conditions de jeu, on l'a vu, étaient particulières. Forcé de se déplacer très rapidement, de prendre des décisions en une fraction de seconde, l'attaquant devait s'en remettre à son instinct, passer, ou tirer. Dribbler, cela voulait dire manœuvrer dans des espaces très restreints. Or, Neymar excellait dans cet exercice. Il avait développé une gamme de dribbles secs et ultra rapides, qui lui permettaient de se tirer comme par magie de la plupart des situations. Sur le plan technique, ses progrès étaient ébouriffants. Mieux ! Le plus souvent, il faisait gagner son équipe. Les trophées commençaient à garnir les étagères.

Parallèlement, le jeune surdoué continuait ses études. Grâce à ses talents sportifs, il avait intégré le prestigieux Liceu São Paulo, un établissement privé renommé, situé avenue Ana-Costa, à Santos. Neymar Senior avait négocié pour que sa sœur y soit acceptée elle aussi. La bourse qui leur était attribuée comprenait le matériel scolaire, les manuels, l'uniforme, et même le trajet en bus. Le jeune garçon était fier. Le Liceu, quand même, c'était quelque chose. De fait, impossible de rater ce grand bâtiment rouge et blanc (cinq étages) sur la grande rue menant à la plage. Même s'il savait qu'avant tout, il devait sa présence en ce lieu à ses talents de footballeur, il essayait de se montrer à la hauteur du reste, et de se comporter comme ses camarades. C'était un élève assidu, qui ne manquait jamais un cours. Si les maths n'étaient clairement pas sa tasse de thé, il était bon en histoire, il excellait en éducation physique. À la récréation, évidemment, les enfants jouaient au foot – le foot avant tout, par-dessus tout.

Au sein de l'équipe locale, la Portuguesa Santista, où Betinho avait commencé à le faire évoluer, le jeune Neymar faisait déjà des merveilles. Le Liceu, en ces temps-là, disputait un championnat interscolaire très suivi par les observateurs et organisé par TV Tribuna, une chaîne affiliée à TV Globo. Des dizaines de collèges de la région y participaient et les matchs, comme de juste, étaient retransmis à la télévision – une occasion unique pour se montrer. Si, la première année, la Portuguesa avait atteint la finale, n'échouant que contre les cracks du collège anglo-américain, les dirigeants étaient confiants pour la suite. Avec un phénomène tel que Neymar dans leurs rangs, ils allaient finir par y parvenir.

Ils ne se trompaient pas. Un match contre l'équipe de São Paulo, notamment, allait rester dans les annales. À 11 ans, Neymar était plus jeune que la majorité des autres joueurs, mais tous les regards étaient rivés sur lui. On savait que, sur une inspiration, il était capable de faire basculer une rencontre. De fait, c'est lui qui marqua le premier but, sur un penalty obtenu par Dudu – un bon ami avec lequel il avait joué dans l'équipe de futsal de Tumiaru, et avec lequel il allait maintenant au collège. Le même Dudu se révéla passeur décisif sur le deuxième but, après quoi São Paulo réduisit le score. À 2-1, rien n'était vraiment joué, jusqu'à ce que Neymar se distingue de nouveau, effaçant l'un après l'autre chacun de ses adversaires, puis se présentant seul devant le gardien. Son tir fut repoussé... dans le pied d'un autre attaquant de l'équipe, qui n'eut plus qu'à pousser le ballon dans les cages vides. Peu avant la fin du match, le jeune phénomène inscrivit un deuxième but : il avait été impliqué dans trois des quatre réalisations de son équipe, et celle-ci avait pris la tête du championnat.

Sidérés, les journalistes de la télévision locale se précipitèrent comme un seul homme. Le coach ne se priva évidemment pas de leur dire tout le bien qu'il pensait de son jeune attaquant : une révélation, selon lui, un joyau ! Et le résultat ne se fit pas attendre : les dirigeants de São Paulo lui firent savoir qu'ils tenaient beaucoup à ce qu'il rejoigne leur équipe.

Le garçon en parla à son père. Celui-ci sourit. Ça y était, c'était parti, avant peu, les prétendants se mettraient tous en rangs. Mais c'était trop tôt, expliqua aussi Neymar Senior à son fils. Rien ne servait de se précipiter, il fallait examiner chaque proposition, prendre le temps de peser le pour et le contre, etc.

Une chose était sûre : la réputation du jeune attaquant n'allait pas tarder à prendre des proportions phénoménales. En quelques mois, avec une aisance déconcertante, il était passé du foot à cinq au « vrai » foot. Dans les journaux du coin, sa jolie bouille souriante commençait à apparaître de façon régulière : un gamin au regard espiègle et aux cheveux bouclés, le front ceint d'un bandeau louant le Christ. « Neymar est insolent sur le terrain et en dehors, expliquait un article local. En match, c'est un retourné, et puis un autre, et encore une autre. Mais ce garçon assume aussi ses responsabilités. Il marque des buts, et il aide ses coéquipiers à en marquer. Il se dit déjà rodé aux interviews, mais pendant les célébrations accueillant la victoire, il n'a pas pu esquiver les appareils photos des fans ni les baisers de ses amies du collège. Pour un peu, il aurait perdu la médaille qu'on venait de lui passer autour du cou. »

Dans la rue, on commençait à lui réclamer des autographes ; des jeunes filles criaient son nom, gloussaient sur son passage. On commençait à le jalouser, aussi, à lui chercher des noises. Sur le terrain, cependant, le jeune attaquant mettait tout le monde d'accord. L'année suivante, l'équipe du Liceu atteignit de nouveau la finale de la Copa TV Tribuna. Cette fois, elle l'emporta, et son attaquant vedette ne fut évidemment pas étranger à son triomphe. Au milieu de ses coéquipiers hilares, Neymar Júnior, son éternel bandeau blanc sur le front, souleva son premier trophée majeur en hurlant sa joie au ciel. Les flashs crépitaient. Une nouvelle ère commençait.

7

# LÉGENDAIRE SANTOS FC

Bientôt, Neymar Júnior intégra le mythique club de Santos, celui où Pelé avait tant brillé. José Ely de Miranda, surnommé « Zito » – un grand joueur des années 1950 et 1960, lui aussi, qui avait remporté deux Coupes du monde avec l'équipe du Brésil – l'avait vu jouer plusieurs fois en salle et, très impressionné, avait décidé de le prendre sous son aile. C'était un honneur inestimable, car Zito, au Brésil, restait une sommité éminemment respectée. Certes, son aura n'égalait pas celle d'un Pelé (personne n'arrivait à la cheville de Pelé, un dieu vivant, en son pays), mais il restait l'un des représentants les plus fameux de cette génération exceptionnelle, celle qui, à deux reprises, avait enchanté tout le pays en remportant la Coupe du monde. Lors de la finale de 1962, jouée contre la Tchécoslovaquie, il avait même inscrit le deuxième but, gagnant pour toujours le cœur de millions de supporters.

Aujourd'hui, Zito avait 60 ans passés. Après toute une carrière au Santos FC, ponctuée de nombreux titres, il avait intégré l'équipe dirigeante de son club de cœur. Et, désormais, il observait Neymar Júnior avec beaucoup d'attention, car il voyait en lui un futur géant.

Le 10 mai 2004, Neymar da Silva Santos Júnior parapha son premier contrat avec le club. Il s'engageait pour cinq ans et un salaire plus que correct de quatre cent cinquante réaux par mois. À moins de 13 ans ! Il fallait que le club croie beaucoup en lui...

Problème ? À cette époque, Santos ne possédait pas d'équipe dans la catégorie des moins de 13 ans. Zito et le président décidèrent d'en créer une, pour permettre l'éclosion de nouveaux talents comme Neymar, justement. Pour commencer, il allait s'entraîner en salle.

Lima, une autre figure légendaire du club, titulaire indiscutable durant les années 1960, insista pour que Neymar, malgré son jeune âge, puisse jouer sur pelouse. Zito fronça les sourcils.

– Tu es sûr ? Tous tes joueurs font une tête de plus que lui !

– Normal. Ils ont 15 ans, et lui 12. Mais attends une minute. Je ne veux pas l'inscrire tout de suite pour les matchs de championnat : je veux seulement qu'il s'entraîne avec le groupe, qu'il prenne le rythme, qu'il se frotte au haut niveau. Il ne faut pas perdre de temps, avec lui.

Zito haussa les épaules.

– Après tout, j'imagine que tu sais ce que tu fais.

Lima approuva, satisfait. Lors des premières séances, il alla trouver son jeune poulain et, de sa grosse voix de stentor, lui expliqua comment il voyait les choses.

– Bon, ton poste préféré, c'est avant-centre, pas vrai ? Tu veux marquer des buts ?

Les yeux brillants, Neymar acquiesça.

– C'est ce que je fais le mieux.

– Ok, mais tu vois les défenseurs, là ? Ce sont des mammouths. Ils vont te réduire en miettes. Tu devrais passer au milieu du terrain.

– Quoi ?

– Réfléchis. Au milieu, tu toucheras plus de ballons, tu auras plus d'espace pour dribbler, tu pourras avancer, reculer, prendre les espaces...

Le jeune attaquant sentit une boule se former dans sa gorge. Il implora.

– Vous ne voulez pas que je marque, c'est ça ? Vous voulez m'éloigner de la surface ?

Le coach laissa tomber sa grosse paluche sur son épaule.

– Si je te laisse aller dans la surface sans ballon, mon garçon, tu ne serviras pas à grand-chose. Il faut que tu prennes tes aises en dehors, fais-moi confiance. Les appels, les courses au milieu de trois défenseurs géants, ce n'est pas pour toi, pas pour l'instant.

Le jeune attaquant se tourna vers le terrain. Lima avait raison, au fond, il le savait. Il y avait, parmi les défenseurs, des grands gaillards qui, sans doute, mentaient sur leur âge, et qui n'hésitaient pas à se servir de leur physique imposant pour intimider leurs adversaires plus petits et plus frêles. Au moment où ils parlaient, un colosse de près de deux mètres, aux abords de la surface, tacla un attaquant beaucoup plus petit, qui fut forcé de bondir au dernier moment pour éviter l'impact. Neymar cligna des yeux, effaré.

– Tu vois ce que je veux dire ? ricana le coach. Il faut que tu joues sur tes forces. Le foot est aussi un combat, mais tu as le droit de choisir tes armes.

# 8

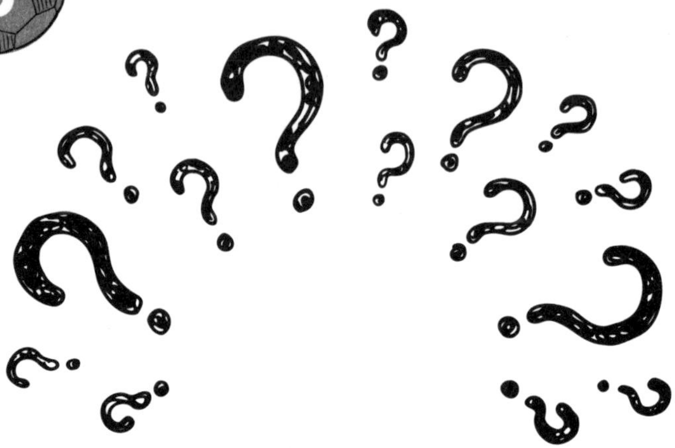

# UN CHOIX DIFFICILE

Neymar avait besoin d'un agent, quelqu'un qui s'occupe de ses intérêts, qui lui facilite l'existence. Betinho, avec qui les Neymar étaient toujours en contact, et qui connaissait beaucoup de monde, leur en présenta un : Wagner Ribeiro, un homme d'affaires très respecté dans le monde du foot, qui avait vu jouer le gamin et qui, comme les autres, en était resté bouche bée.

Un contrat fut prestement signé. Ribeiro s'occupait de tout. Il versait chaque mois une somme d'argent conséquente à la famille dont le quotidien commençait à s'améliorer grandement : Nadine avait pu arrêter de travailler.

Quelques mois plus tôt, Ribeiro – on ne parlait que de cela dans la sphère du ballon rond – avait conclu le transfert de l'un ses poulains les plus prometteurs, Robinho, du Santos FC au Real Madrid. Il entretenait, avec le club espagnol, des contacts privilégiés. Un jour, il fit asseoir Neymar et ses parents autour d'une table.

— Ils veulent te voir, mon grand.

Le garçon ouvrit des yeux ronds comme des soucoupes. Il venait de fêter ses 14 ans.

— Comment ça ?

— Ils sont à l'affût. Ils veulent recruter de très jeunes joueurs pour les former et les faire éclore. Et les faire jouer dans leur équipe première, un jour, si la chance leur sourit. C'est du travail à long terme.

Nadine ne put s'empêcher de rire. Un rire nerveux.

— Mais... mon garçon est trop jeune !

— Il est surtout terriblement prometteur, reprit Ribeiro. Je sais que ça peut paraître dingue, mais c'est une occasion exceptionnelle ! Le Real, vous imaginez ?

— Est-ce que c'est... une question d'argent ? interrogea Neymar Senior.

L'agent secoua la tête, étonné.

– Non ! Enfin, l'argent a son importance, on ne va pas le nier. Mais nous parlons de sport avant tout. Ils ont vu des vidéos, ils ont lu des articles. Maintenant, fit-il en se tournant vers le jeune attaquant, ils veulent te voir en chair et en os. Relèves-tu le défi ?

Neymar Júnior regarda ses parents. Son père lui montra ses paumes vides.

– C'est comme tu veux, mon fils. Si tu veux y aller, on y va. Je veux dire : je viens avec toi, et on voit comment ça se passe.

Ainsi en fut-il décidé. Quelques jours plus tard, le père et le fils se présentaient à l'aéroport de São Paulo et montaient dans un avion pour Madrid. Wagner Ribeiro, comme il se doit, les accompagnait, pour les aider à y voir plus clair et, peut-être, à négocier.

Neymar et son père furent logés au Colegio Internacional SEK-El Castillo, un lotissement de la périphérie de Madrid où vivaient et étudiaient les jeunes espoirs du club. Une voiture leur était prêtée, tout était pris en charge.

Les examens médicaux ne décelant aucun problème particulier, on passa vite aux essais sur le terrain. Neymar ne déçut pas. Jesús Gutiérrez, entraîneur de l'équipe des jeunes du Real, déglutissait avec peine. Ce gamin était meilleur que tous ceux qu'il avait jamais eus à former. Sa technique, sa conduite de balle, son sens du jeu et des appels... Il était difficile à croire qu'un joueur aussi jeune dispose déjà d'une palette aussi complète.

Le jeune attaquant participa à plusieurs matchs d'entraînement, et empila les buts. Tout, pour lui, se révélait simple et fluide. On lui présenta des joueurs de l'équipe première : Ronaldo et Zidane, pour commencer. Ébloui, l'adolescent serrait les mains qu'on lui tendait. Était-ce un rêve ? « Ils t'adorent, lui confia son père au bout de quelques jours, ils te veulent. »

Un dimanche, on les invita tous les deux au stade Santiago Bernabéu pour assister à un match de Liga, Real Madrid contre Deportivo La Corogne. Depuis la tribune d'honneur, non loin du président, ils assistèrent à la facile victoire des locaux, 4-0. Neymar était aux anges. Quelle ambiance, dans ce stade ! Et quelle équipe !

À la fin de la rencontre, un journaliste d'une chaîne de télévision vint l'interviewer.

– Tu as apprécié le match ?

Neymar approuva.

– Voir jouer Zidane et Robinho... C'est fantastique, pour moi. Je les admire tant. Et puis, la ville est belle. J'aimerais beaucoup rester ici.

Le journaliste approuva et s'éloigna, satisfait. Mais Wagner Ribeiro, qui traînait dans les parages, le rattrapa par le bras.

– Vous savez, on ne doit pas se précipiter. Neymar recevra certainement d'autres propositions. En Espagne, en Angleterre, en Italie... C'est seulement une question de temps.

Le journaliste se tourna vers le garçon.

– Toi, qu'est-ce que tu en dis ?

L'intéressé haussa les épaules.

– Moi, je joue au foot. Le reste, ajouta-t-il en désignant son père et son agent, ce sont leurs affaires.

Côté Real, en tout cas, la décision avait manifestement été prise : c'était un grand « oui » !

Un contrat avait été rédigé, Ribeiro avait donné son accord. Un engagement de cinq ans (avec primes), une inscription à l'école pour le joueur et sa petite sœur, un travail pour le père – puisqu'il était entendu que toute la famille devrait s'installer en Espagne...

Nadine, qui était restée au Brésil avec Rafaela, suivait l'avancée des tractations avec intérêt, donnant à l'occasion son avis.

— Ils ont prévu de le faire jouer dès les derniers matchs de la saison, lui apprit son mari. Ils sont pressés, je n'ai jamais vu ça...

— Et lui ? Qu'est-ce que ça lui inspire ?

Le père de Neymar posa sa main sur l'écouteur et observa son fils, assis sur un banc, qui avait l'air ailleurs.

— Ça... C'est une autre histoire.

Il cligna des yeux. Il y avait ce que Neymar montrait aux recruteurs, aux journalistes, aux autres joueurs... Et puis il y avait des sentiments plus diffus, gardés dans le secret de son cœur. Son air accablé, le soir, dans la chambre, quand ils n'étaient plus que tous les deux.

– Chéri ? s'enquit Nadine. Tout va bien ?

– Je te rappelle, murmura le père en raccrochant.

Il s'approcha de son fils, qui releva à peine la tête, et s'assit à son côté.

– Tu n'as pas l'air content.

– Hein ?

– Pour un garçon qui s'apprête à signer un contrat avec le plus grand club du monde.

Le jeune attaquant le regarda.

– C'est le plus grand ?

– En Europe, au niveau du palmarès : oui, sans aucun doute. Et tu as vu ce match, contre la Corogne ? Chaque année, le Real se bat pour se hisser sur le toit de l'Europe. Souvent, il y parvient.

– Cool… soupira Neymar.

Son père croisa les bras.

– Il va falloir prendre une décision, annonça-t-il.

– Je sais.

– Eux, ils sont chauds bouillants, ça crève les yeux, mais la décision t'appartient. C'est ton avenir.

Cinq ans, c'est long, une bonne partie de ton adolescence. Grandir ici, ça te conviendrait ?

Neymar haussa les épaules.

– Je suppose.

– On serait là, bien sûr. Maman, ta sœur et moi. On serait là à tes côtés. On sait que tu vas faire de grandes choses.

– Je pourrais gagner beaucoup d'argent, lâcha Neymar, le regard dans le vide. Pour nous, pour la famille.

– Tu pourras en gagner beaucoup ailleurs. Ne t'inquiète pas pour ça.

– Papa ?

– Fiston ?

Neymar Senior lui souriait avec tendresse. Il pressentait ce qui allait suivre. Les épaules de son fils s'affaissèrent.

– Ce qu'il y a, c'est que le Brésil me manque.

– Je vois.

– Notre maison. Les copains. L'école. Le club. Mes coéquipiers.

– Tu en aurais ici aussi, mais…

– Oui, seulement, ce que j'ai, je l'aime déjà, alors pourquoi changer ? Ça m'ennuie, parce que tout le monde est si gentil. Et on me fait confiance, et je sais que je réussirais, mais…

– Mais tu veux rentrer à la maison.

Le jeune attaquant baissa la tête.

– Désolé.

– Désolé de quoi ? fit son père en lui tapotant la cuisse. Je suis très fier de toi, aujourd'hui. Tu ne penses pas qu'à l'argent. Tu ne penses pas qu'à la gloire. Tu penses à ce qui te rend heureux. Et c'est le bon choix, le seul valable, en vérité. Parce que si tu n'es pas heureux, tu ne peux pas bien jouer au football.

Son fils le dévisageait, ému.

– Alors… Tu n'es pas fâché ?

– Moi ? fit Neymar Senior en se levant. Au contraire, tu rigoles ! Le pays me manque déjà. Tu sais ce que je crois ? Je crois que le moment n'est pas encore venu, voilà tout. Viens, on va parler à ton agent. Il comprendra, j'en suis certain.

La décision avait été prise. Neymar et son père étaient certains que c'était la bonne. Il y aurait d'autres occasions, d'autres moments. Pas question de brûler les étapes.

Évidemment, la nouvelle fit grand bruit. Si les supporters de Santos étaient ravis, certains observateurs se grattaient la tête. Rejeter Madrid ? Quel toupet, quelle folie ! Décliner une offre d'un grand club européen, cela ne se faisait pas. Neymar allait partir un jour, de toute façon, alors pourquoi pas maintenant ? Pourquoi laisser passer cette chance ?

La famille Neymar laissa passer l'orage et revint trouver les dirigeants de Santos, notamment le président, Marcelo Teixeira. Il était temps de poser des bases pour l'avenir. Temps de se demander ce que le club pouvait offrir au jeune prodige.

Teixeira était conscient des enjeux. Il avait préparé une offre : un contrat de cinq ans, assorti d'une hausse de salaire substantielle et, évidemment, un logement pour toute la famille. Le père et le fils ne réfléchirent pas trop longtemps. Peu de temps après, Neymar Júnior et son père paraphèrent le document dans leur maison de Praia Grande.

Zito, qui était présent, félicita le jeune homme : « Tu ne le regretteras pas ! »

Il ne fallut pas longtemps pour que la famille déménage – dans un appartement nettement plus grand et plus luxueux, non loin du siège de Santos. Qui plus est, les bases d'un futur contrat professionnel avaient été posées, avec une clause de départ d'un montant astronomique : vingt-cinq millions de dollars !

Aux médias brésiliens, Neymar Senior déclara qu'il était satisfait. Désormais, on allait pouvoir se concentrer sur l'aspect sportif, et uniquement sportif.

9

## UN NOUVEAU PELÉ EN DEVENIR

Neymar Júnior allait avoir 16 ans. Au mois de janvier 2008, dans le stade Nicolau-Alayon, il disputait son deuxième match avec Santos, pour le compte de la Copa São Paulo Júnior – un tournoi de jeunes, créé en l'honneur de la fondation de la ville. Bien que tous les États soient représentés, la plupart des équipes étaient issues de la région et ce match-là, contre Barra do Garças, était retransmis sur Sport TV. Jota Júnior, le commentateur vedette, attira sans tarder l'attention des spectateurs sur le banc de touche : « Vous voyez ce gamin ? Lui, c'est Neymar Júnior, 15 ans, un mètre soixante-six, celui qui a refusé de signer à Madrid, celui que tout le monde espère découvrir, ici, parce qu'il porte de grands, de fabuleux espoirs sur ses épaules ! »

Dans le stade, aux alentours de la trentième minute de la seconde mi-temps, et alors que Santos menait tranquillement 3-0, l'arbitre assistant leva deux panneaux : sortie du numéro 10, entrée du numéro 21. Le grand moment de Neymar était arrivé !

Tout de suite, le nouveau venu courut se positionner en meneur de jeu, juste derrière l'avant-centre. Il paraissait menu, au milieu des autres. Il faut dire que le tournoi accueillait les jeunes joueurs jusqu'à 20 ans. Neymar ressemblait à une brindille, à côté des autres ! Était-il le joueur le plus jeune du tournoi ? Possible, avançait le commentateur. Certainement pas le moins doué, en tout cas. De fait, il n'était pas entré depuis deux minutes que, déjà, il s'illustrait ! Un dribble ravageur, une passe au cordeau, un tir repoussé in extremis par le gardien adverse. Déjà, le danger ! Cinq minutes plus tard, nouvelle occasion : un une-deux parfait avec un attaquant, intercepté de justesse. À la quarante et unième minute, de nouveau, Neymar se présenta balle au pied dans la surface adverse. D'un lob, il passa le ballon à un partenaire démarqué, au-dessus de deux défenseurs estomaqués. L'action, hélas, fut sifflée hors jeu, quoique de justesse. Une minute plus tard, le jeune attaquant, qui avait repris le ballon au milieu de terrain, le déposa d'une tête précise vers son partenaire d'attaque, qui tira au but. Cette fois, ça y était : 4-0, et une première passe décisive.

Mais ce n'était pas terminé – le match était en train de devenir complètement fou. Après une réduction du score bien tardive du Mato Grosso, Santos se lança une dernière fois à l'attaque. Neymar, qui rôdait aux abords de la surface, effaça un défenseur et adressa une passe lumineuse, brossée, à un attaquant démarqué : 5-1 ! S'il n'avait pas inscrit de but, le jeune attaquant avait définitivement marqué les esprits...

À un journaliste venu l'interroger sur son ressenti, après la rencontre, Neymar répondit avec naturel : « Quand le match passe à la télé, tu as des frissons, mais dès que tu touches le ballon, tu oublies la nervosité et la peur. Grâce à Dieu, mon équipe a été excellente. Nous travaillons pour devenir champions. »

Ne manquait qu'un but, en définitive. Neymar adressa un clin d'œil à la caméra : « Un peu de patience », promit-il.

Pour sa deuxième apparition, le jeune attaquant marqua un but sur penalty ; ce qui n'empêcha pas Santos de sortir bientôt de la compétition, éliminé par l'Internacional de Porto Alegre. Au début de 2009, une nouvelle fois, l'attaquant disputa la Copinha de São Paulo, mais cette fois il était titulaire. Son influence dans le jeu se faisait de plus en plus sentir. Il commençait à marquer des buts sur coup franc – et même un du pied gauche, une fois ! Son équipe fit le plein de points. En seizièmes de finale, il inscrivit un doublé. Mais, une nouvelle fois, le Santos FC quitta la compétition prématurément. Il n'empêche : les performances du jeune attaquant étaient de plus en plus remarquées. Au point de lui valoir une place dans l'équipe première ?

Depuis l'été de 2008, celle-ci était dirigée par Márcio Fernandes, qui avait déjà convié Neymar à des entraînements. L'idée était de mêler les jeunes joueurs aux plus expérimentés, pour « challenger » ceux-ci et faire découvrir aux plus jeunes les exigences du haut niveau. Le jeune attaquant se montrait à son aise, mais Márcio Fernandes se cantonnait à une douce prudence.

— Je te ferai jouer quand je sentirai que tu es au point. Pas avant.

Le 12 février 2009, l'équipe se déplaçait sur le terrain de Marília, comptant pour la septième journée du Campeonato Paulista – le Championnat de l'État de São Paulo, le plus prestigieux du pays. Le Santos FC s'inclina 1-0, et Fernandes dut démissionner. Aurait-il dû faire rentrer Neymar ?

La question cessa de se poser quelques jours plus tard, le 7 mars à São Paulo. Santos affrontait le Oeste de Itápolis devant plus de vingt mille spectateurs. Vágner Mancini, le nouveau coach des visiteurs, regardait Neymar s'entraîner, depuis quelques semaines, et pensait, lui, qu'il était prêt. Peu avant l'heure de jeu, sous les ovations du public, il lui demanda de se lever du banc de touche.

— Ça va aller ?

Le jeune attaquant approuva.

— Pas de problème, coach. J'ai envie. Pas de pression.

— Bon. Aucune raison d'avoir peur. Tu restes naturel, tu joues comme tu sais le faire, tu prends du plaisir.

Neymar acquiesça. C'était le moment de prouver à tous ceux qui croyaient en lui qu'ils ne s'étaient pas trompés. Depuis son plus jeune âge, on lui répétait qu'il était un « crack », un futur grand. Mais la seule vérité qui comptait, c'était celle du terrain.

Il le savait. Il ne tarda pas à faire ce qu'on attendait de lui. Sur le premier ballon qui lui parvint, il se débarrassa d'un défenseur et, à l'angle droit de la surface, tira sèchement au but. Le ballon heurta la transversale. Tous les supporters s'étaient levés !

Santos, ce jour-là, l'emporta 2-1. Neymar n'avait pas inscrit de but mais il avait marqué... les esprits.

La semaine suivante, dans le même stade, il entra encore une fois en seconde mi-temps et offrit un vrai festival de dribbles et gestes techniques de grande classe. Un but marqué – annulé pour hors-jeu.

— Ça va venir, lui répétait Mancini, en se touchant le coin du nez. Je peux presque le sentir !

Son instinct ne le trompait pas. Quatre jours plus tard, Neymar profita d'une avalanche de blessures et de suspensions pour débuter le match. Titulaire, enfin ! Tout de suite, il se mit en évidence. À la dix-septième minute, son tir croisé fut arrêté de justesse par le gardien adverse.

Santos se détacha en seconde mi-temps, avec deux buts inscrits à douze minutes d'intervalle. Celui de Neymar arriva à la soixante-treizième : une tête croisée, sur un centre qui ne lui était pas spécialement destiné. Le jeune attaquant exulta. Un saut en l'air, poing levé, comme le faisait le « roi Pelé » en son temps.

– J'avais promis à mon père que je ferais ça, déclara-t-il lors de l'interview d'après-match. Pelé est une immense source d'inspiration.

Cet hommage ne passa pas inaperçu. Les supporters étaient ravis, et les journaux s'en donnaient à cœur joie : « Neymar peut-il devenir le nouveau Pelé ? »

En tout cas, il se trouvait maintenant au centre de toutes les attentions. Et les buts ne tardèrent pas à s'additionner : le deuxième but lors de la Coupe du Brésil, fêté par une petite chorégraphie maison. Le troisième ? Contre Palmeiras, en demi-finales du Paulistão. Dos au but, Neymar contrôla, pivota, dribbla trois défenseurs, et tira au ras du poteau. Une prouesse ! Et un public en transe, de plus en plus.

Cette année-là, le Santos FC échoua en finale, face aux Corinthians du grand Ronaldo. De retour d'Europe après une carrière faramineuse (Barcelone, Real Madrid, les deux Milan), le phénomène inscrivit, lors du match aller, deux buts qui montrèrent au tout jeune Neymar le chemin qu'il lui restait à parcourir avant, lui aussi, de pouvoir espérer marquer l'histoire…

10

# UNE RENAISSANCE

Mancini, le coach du moment, perdit sa place. Au mois de juillet, une défaite cinglante contre Vitória (6-2) lui coûta son fauteuil ; les choses se présentaient mal. Le président Teixeira le remplaça par Vanderlei Luxemburgo, un ancien joueur du club, qui avait pris récemment sa retraite. Les objectifs étaient clairs :

– Nous voulons refaire de Santos une grande équipe. Gagner des trophées ! Notre classement actuel ne nous rend pas justice. Vous allez voir !

On vit assez vite, en effet.

Dès le premier match à domicile, contre l'Athletico Paranaense, Neymar, entré en seconde période, permit à son équipe de l'emporter.

Fallait-il en faire un titulaire ?

– Tout le monde raconte qu'il est fantastique mais, pour moi, il est arrivé trop vite en équipe première, expliqua Luxemburgo aux journalistes. Il faut qu'il prenne ses marques. Il est encore très frêle, il lui manque du muscle. Pas besoin de brûler les étapes.

Neymar jouait rarement un match entier. On le soumettait à un régime spécial : des pâtes, des pâtes, et encore des pâtes. Tant qu'il ne serait pas plus musclé, il serait « ménagé ». Le résultat, c'est que le jeune attaquant n'avait marqué que huit buts en trente et un matchs. Pas si impressionnant, pour celui que l'on présentait souvent comme le plus grand espoir de sa génération.

Neymar n'était pas très heureux. À la fin de l'année, il passa chez le coiffeur. Une crête sur le crâne, les cheveux rasés sur le côté... Un vrai punk.

Un style, en tout cas, était né. Pendant les années à venir, il en changerait souvent, à coups de teinte, de gel, etc. Bientôt, tous les jeunes supporters se mirent à l'imiter : un véritable déferlement de fantaisie capillaire...

Luxemburgo fut renvoyé à son tour. Quand le Santos FC allait-il trouver un entraîneur capable de redorer son prestigieux blason ? Dorival Júnior, le nouveau coach, affirma, en décembre, qu'il voulait faire confiance aux jeunes. Et à Neymar en particulier.

Celui-ci ne tarda pas à retrouver une place de titulaire aux côtés, notamment, de Paulo Henrique Ganso et de André Santos, puis de Robinho. Ce dernier, que Neymar admirait beaucoup – ils étaient représentés par le même agent — était rentré d'Europe, lui aussi, après un passage mitigé à Manchester City.

Son retour coïncida avec la « renaissance » de Neymar : six buts en six matchs de championnat ! Associé à Robinho, et aux deux autres ténors de l'attaque, le jeune attaquant complétait un quatuor redoutable. Les larges victoires commencèrent à s'enchaîner. Le 10 mars 2010, contre Naviraiense, Santos l'emporta 10-0 : un record ! Avec un doublé de Neymar au passage. Peu de temps après, contre Guarani, notre jeune footballeur se fendit d'un fantastique quintuplé. Le premier but fut inscrit dès la deuxième minute sur penalty au terme d'une « paradinha » – la spécialité maison, qui consistait à s'arrêter au dernier moment pour laisser le gardien se lancer d'un côté, et tirer de l'autre. Ce jour-là, Santos l'emporta 8-1. Les supporters étaient comblés. Leur équipe ne se contentait pas de gagner, d'empiler les buts : elle s'amusait, elle prenait du plaisir, et en donnait aussi, beaucoup. C'était le retour du football total, du grand spectacle, et Neymar le facétieux, Neymar l'éternel gamin de Mogi das Cruzes, chambreur et magicien, n'y était évidemment pas étranger.

Bien sûr, l'armoire à trophées ne tarda pas à se remplir. Le 2 mai 2010, lors de la finale retour du Campeonato Paulista, Santos jouait contre Santo André, l'équipe surprise de la saison, et le jeune prodige s'illustra de nouveau, avec un faramineux doublé. Son premier but ? Un cas d'école. Une talonnade de Robinho, un dribble diabolique, deux défenseurs dans le vent, un tir puissant : « Gooooooal », hurla le commentateur, à s'en déchirer les cordes vocales.

Ce jour-là, malgré une défaite 3-2, Santos fut désigné vainqueur. Furie dans les gradins, folie sur le banc de touche ! Neymar reçut sa médaille les larmes aux yeux.

Quelques jours plus tard, il pleura de nouveau, de tristesse cette fois. La liste des vingt-trois joueurs sélectionnés pour la Coupe du monde en Afrique du Sud venait de tomber et Neymar n'y figurait pas, pas plus que son complice Paulo Henrique, d'ailleurs. Certes, ils étaient tous deux très jeunes encore, mais Pelé n'avait-il pas été sélectionné à 17 ans, lui ?

Cette année-là, le Brésil s'arrêta en quarts de finale, tristement éliminé par les Pays-Bas.

Restait, pour les supporters de Santos, une consolation : la finale de la Copa do Brasil, l'autre grande compétition nationale.

À l'aller, leurs favoris avaient pris une sérieuse option contre Vitória : un 2-0 implacable avec un premier but de Neymar, sur centre. Ils furent défaits au retour, 2-1, mais sur l'ensemble des deux matchs ils étaient vainqueurs, et Neymar, avec onze buts, terminait meilleur buteur de la compétition. Finalement, cette élimination en Coupe du monde n'était pas une si mauvaise nouvelle. Grand artisan du doublé de son équipe – il avait inscrit quatorze buts lors du Paulistão –, le jeune attaquant était revenu sur le devant de la scène nationale, et adressait à ses détracteurs un message clair : il incarnait l'avenir.

11

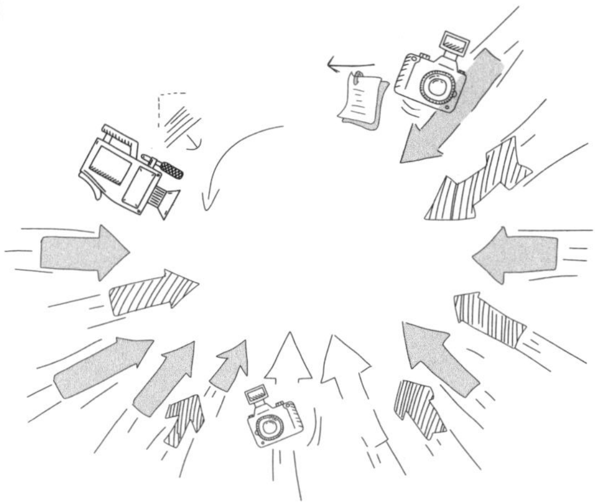

# UNE VIE DE STAR

Neymar s'était mis à embrasser la vie de vedette. De star.

Il collectionnait les belles voitures, s'achetait des vêtements de luxe, des montres hors de prix.

Dans la rue, des meutes de fans le suivaient, et chacune de ses apparitions était saluée par un concert de hurlements.

Évidemment, les clubs européens suivaient son ascension de près. Il y avait eu Ronaldo, Ronaldinho, Rivaldo, Kaká, d'immenses vedettes, toutes couronnées du Ballon d'or. On aimait les Brésiliens, en Europe. Ils symbolisaient la créativité, la folie nécessaire, le football-spectacle. Avec ses frasques vestimentaires, ses coupes improbables, ses buts venus d'ailleurs, Neymar polarisait sur lui les projecteurs. Allait-il être le prochain grand ?

En juin 2010, une première offre arriva, qui venait de West Ham United. L'idée était de roder le joueur pour le céder ensuite au puissant Chelsea.

– Pourquoi pas ? commenta Neymar Senior quand la proposition lui arriva entre les mains. La Premier League est l'une des meilleures au monde.

Mais Santos ne l'entendait pas de cette oreille. Puisque Chelsea se trouvait derrière l'opération, Chelsea n'avait qu'à payer. Les quinze millions proposés par West Ham étaient nettement insuffisants. Une clause de départ figurait dans le contrat du jeune Brésilien : elle était fixée à trente-cinq millions d'euros. C'était ça ou rien.

Les Blues de Chelsea ne tardèrent pas à entrer dans la danse. Eux proposaient vingt millions, directement. Pour un joueur de 18 ans n'ayant jamais joué en Europe, ce n'était pas trop mal, non ?

Les dirigeants de Santos secouèrent la tête. Merci, mais nous ne négocierons pas à moins de trente millions. Nous avons des offres d'autres clubs européens.

Soupir du côté de Chelsea : bon, très bien, trente millions d'euros. Un contrat de cinq ans, trois millions et demi de salaire annuel, avec de nombreuses primes à la clé.

– Cette fois, commenta placidement Neymar Senior, ça va être compliqué de refuser.

Bientôt, il s'envola pour New York avec Wagner Ribeiro, l'agent, afin de négocier avec Chelsea.

Mais il y avait la volonté du joueur, de son entourage, de son agent... et il y avait celle du club : Santos.

Ribeiro se grattait le crâne.

– Ce que fait le club, je ne comprends pas très bien. La proposition de Chelsea est excellente. Pourquoi la refuser ? On dit que Neymar doit mûrir ? Moi, je crois qu'il a déjà montré ce dont il était capable. La Ligue des champions lui ferait franchir un cap, c'est certain.

Santos, pourtant, campait sur ses positions, cherchant les moyens de faire une nouvelle proposition à Neymar, autrement dit : de le garder, à tout prix.

Plusieurs rendez-vous s'ensuivirent, où l'on parla publicité, revenus générés, marketing – autant de sujets qui intéressaient peu le jeune attaquant. Lui, ce qu'il voulait, c'était jouer, marquer des buts. Pelé lui-même, le « roi Pelé », fut appelé par le club à la rescousse. Il parla au père de Neymar.

— Je crois que votre fils a besoin de temps encore. Bien sûr qu'il ira en Europe. Mais son heure n'est pas encore venue. Il doit gagner le cœur du Brésil tout entier.

Neymar Senior raccrocha, secoué. Oh oh. Santos était vraiment prêt à tout pour que son fils reste au Brésil.

Quelques jours plus tard, finalement, son fils signa un nouveau contrat de cinq ans avec le club de son cœur. Clause de départ ? Quarante-cinq millions d'euros. De cent soixante-dix mille réaux, son salaire passait à six cent mille par mois, il devenait le deuxième joueur le mieux payé du pays derrière Ronaldo – sans compter la publicité et les primes.

À la presse, Neymar expliqua qu'il avait pesé le pour et le contre, et qu'il avait pris sa décision seul. Et c'était vrai.

Quelques jours plus tôt, la petite merveille de Mogi das Cruzes avait fait ses grands débuts contre les États-Unis : un match amical, mais un match capital pour lui, sous la houlette de Mano Menezes, le nouveau coach, nommé après l'élimination en Coupe du monde. Paulo Henrique, l'autre cador de Santos, avait débuté lui aussi. Et Neymar avait marqué, comme il se doit ! Un but de la tête, à la vingt-huitième minute, sur une offrande d'André Santos (le Brésil l'avait finalement emporté 2-0).

Écarté des deux matchs amicaux suivants, le jeune attaquant fut de retour en novembre pour un match de prestige à Doha, contre l'Argentine de Messi. De retour au sein de l'équipe nationale, Ronaldinho restait, du côté brésilien, la vraie vedette du match. Neymar, qui était l'un de ses plus grands fans, ne s'en cacha pas au micro d'un journaliste. Son idole lui rendit la pareille : « J'ai suivi son début de carrière et celui de la nouvelle génération des gamins de Santos, déclara l'ancien joueur de Barcelone, très positif. C'est un football joyeux. » Ce jour-là, hélas, la joie ne fut guère au rendez-vous pour les Brésiliens. Le génie du jour s'appelait Messi. But à la quarante-septième minute après un long slalom au sein de la défense adverse. Neymar, lui, était déjà sorti. Auteur d'une prestation médiocre, il avait été remplacé, et assista, du banc de touche, à la défaite de ses coéquipiers.

12

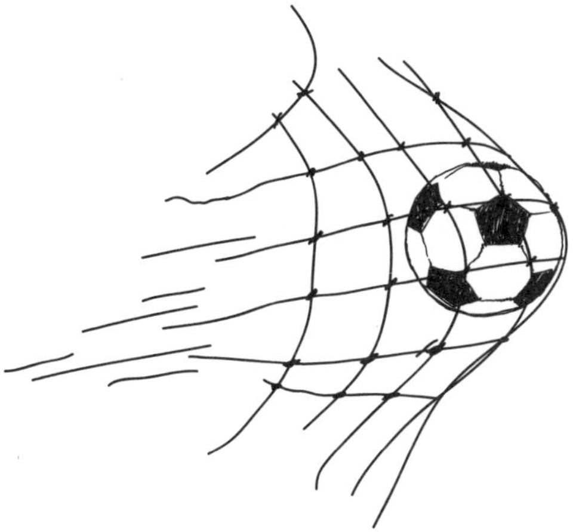

## LE PLUS BEAU BUT DE L'ANNÉE

Pas le temps de regarder en arrière. 2011 allait être une grande année, il le fallait ! Elle commença le 17 janvier, lors d'un match du Championnat du monde des moins de 20 ans contre le Paraguay. Ce jour-là, le cador de Mogi das Cruzes inscrivit un retentissant quadruplé, pour une victoire 4-2. L'adversaire suivant, la Colombie, fut aussi facilement battu (3-1), Neymar marquant le troisième but. Un nul contre la Bolivie puis une victoire face à l'Équateur permirent au jeune attaquant et à ses partenaires de prendre la première place du groupe et de se qualifier pour le tour principal. Victime suivante ? Le Chili, étrillé 5-1, avec un nouveau but de Neymar, qui en était déjà à sept. Le 12 février 2011, les jeunes

Brésiliens affrontèrent l'Uruguay, qui les devançait d'un point au classement. Une victoire était donc impérative. À la clé ? Une qualification pour les Jeux Olympiques de Londres !

Les Uruguayens, qui restaient sur une série de belles performances, étaient donnés légèrement favoris. Neymar et ses coéquipiers, cependant, ne firent d'eux qu'une bouchée, en les atomisant 6-0 ! Lucas Moura, un nouveau jeune espoir - que Neymar retrouverait un jour au PSG – inscrivit un triplé, et lui un doublé. Avec neuf buts, il terminait évidemment meilleur buteur du tournoi, et en fut logiquement désigné meilleur joueur aussi.

Moins de deux mois plus tard, Neymar retrouva l'équipe nationale, la vraie, pour un match à l'Emirates Stadium de Londres, où le Brésil affrontait l'Écosse. Une fois encore, il s'illustra de manière éclatante, avec un triplé retentissant. Sa cote, en Europe, ne cessait évidemment de grandir.

Le 15 mai suivant, avec Santos, il remportait son deuxième Paulistão (championnat régional), après avoir inscrit un but décisif lors du match retour, à la quatre-vingt-troisième minute. Dans la joie du moment, il avait ôté son maillot et étreint tous ses partenaires l'un après l'autre. C'était la conclusion d'une année compliquée, au cours de laquelle plusieurs entraîneurs s'étaient succédé, et qui avait vu, aussi, Robinho repartir en Europe et Paulo Henrique abandonner provisoirement les siens, victime d'une rupture du ligament croisé.

Dans la foulée, au mois de juin, Santos disputa contre les Uruguayens de Peñarol la finale de la Copa Libertadores. Après le 0-0 poussif de l'aller, obtenu à Montevideo, tous les espoirs restaient permis pour le retour.

Dans un stade brésilien plein à ras bord, Neymar délivra les siens à la quarante-sixième minute, avant que Danilo, en inscrivant un deuxième but, leur procure un avantage apparemment décisif. Mais un but contre son camp d'un défenseur de Santos permit à Peñarol de revenir. Atterrés, les supporters de Santos serraient les dents. Un but des visiteurs, et c'en était terminé de leurs protégés.

Ce but, heureusement, ne vint jamais. Au coup de sifflet final, une explosion de joie indescriptible retentit dans le stade. Les joueurs étaient si tendus qu'une bagarre éclata entre Brésiliens et Uruguayens. Neymar, lui, s'en moquait. La victoire était là : quoi de plus beau ? Au centre du terrain, il était tombé à genoux, bras levés au ciel.

Présent dans les tribunes, aux anges, le « roi Pelé » n'avait rien manqué des exploits de Neymar et des siens. Un journaliste lui demanda s'il pensait que le jeune attaquant le dépasserait un jour. Le vieux sage se contenta d'un sourire.

– Pour ça, il va falloir qu'il marque plus de mille deux cent quatre-vingt-trois buts. Bon courage à lui !

Il n'y avait pas que de bons jours, cependant, et Pelé avait mis le jeune surdoué en garde. Pour marquer l'histoire, il ne fallait pas seulement être bon en club ; il fallait aussi briller avec la sélection nationale.

Lors de l'été 2011, au terme d'une campagne des plus médiocres, les Brésiliens quittaient la Copa América tête basse, éliminés en quarts de finale par le Paraguay. Quelle désillusion !

De grands espoirs, au début de la compétition, avaient été placés en Neymar et en Paulo Henrique ; il fallait bien constater qu'ils avaient été déçus. Contre le Paraguay, le prodige n'avait été qu'un joueur bien ordinaire, manquant toutes ses occasions, multipliant les erreurs, perdant la plupart des ballons qui lui arrivaient.

Peut-on compter sur Neymar ? se demandaient les journaux. Était-il vraiment le sauveur annoncé de cette équipe du Brésil ?

Pour finir, le jeune attaquant n'avait marqué que deux buts – loin, très loin de son rendement habituel.

Neymar ne savait répondre que sur le terrain. Le match du 27 juillet 2011, contre Flamengo, allait rester dans toutes les mémoires, même s'il se solda finalement par la victoire des Rouge et Noir. Neymar et Ronaldinho, chacun de leur côté, marquèrent trois buts, et régalèrent le public de gestes hors du commun. Le premier de Neymar se révéla un cas d'école. Pris en tenaille entre deux défenseurs, le jeune attaquant se faufila entre eux, se permit un une-deux avec un partenaire, effaça un autre défenseur d'un grand pont, récupéra le ballon derrière lui et tira avec force, avant que le gardien adverse puisse sortir correctement. Pour cette réalisation d'anthologie, il allait recevoir le prix Ferenc Puskás du but de l'année – un trophée décerné par la FIFA, qui le vit battre Messi et Rooney.

— Je suis si heureux, déclara-t-il devant les micros des journalistes. Les deux autres finalistes sont des cracks absolus, je les adore. Je veux remercier Dieu et ma famille...

Le jeune attaquant avait du mal à réaliser ce qui lui arrivait. Ses parents et sa petite sœur, qui l'avaient toujours encouragé et soutenu, étaient au moins aussi heureux que lui. Tout ce chemin parcouru ! Il n'avait pas 20 ans, et il avait inscrit le plus beau but de l'année.

Cet exploit retentissant ne fut sans doute pas étranger à sa nomination parmi les vingt-trois joueurs nommés pour le Ballon d'or 2011, un trophée qui allait échoir... à Messi, justement – un futur partenaire du PSG, lui aussi et, avant cela...

## 13

# UNE NOUVELLE MASCOTTE...

Mais chut : Neymar, à cette heure, avait la tête ailleurs, et ses parents aussi. Il existe des joies plus grandes encore que celles que peut procurer le football.

Le 24 août de cette même année, à l'hôpital São Luiz de São Paulo, naquit son fils, Davi Lucca, un petit bébé d'un peu moins de trois kilos. Paulo Henrique, son ami et coéquipier, était le parrain. La mère s'appelait Carolina. Les deux tourtereaux, qui s'étaient rencontrés par l'intermédiaire d'amis communs, étaient sortis ensemble quelque temps ; « Carol » était tombée enceinte, et les deux jeunes gens avaient décidé de garder l'enfant.

La décision n'avait pas été simple à prendre. Nadine, la mère de Neymar, avait accueilli la nouvelle avec beaucoup d'émotion. Son fils, 17 ans, déjà papa ! Et elle, déjà grand-mère ! Avec son père, les choses s'étaient avérées un peu plus délicates.

– Tu es sûr que ce n'est pas une grosse bêtise, mon fils ? Un enfant, c'est pour la vie, tu sais ? Les actes ont des conséquences. Je crois que tu devrais réfléchir encore.

Mais c'était tout réfléchi et, face à la détermination de son fils, Neymar Senior ne put que s'incliner, le prendre dans ses bras, le rassurer.

– Quoi que tu décides, quelle que soit la façon dont tu entends mener ta vie, nous serons là. Pour toi et pour ton fils.

Neymar sourit, à travers ses larmes. Il reconnut l'enfant, se mit d'accord avec sa mère pour qu'elle en ait la garde, et s'accorda avec elle sur le montant d'une pension mensuelle. Les deux jeunes gens n'allaient pas vivre ensemble, mais ils s'occuperaient tous deux du petit garçon – ils étaient amis, alliés dans cette grande aventure.

La nouvelle ne tarda pas à être rendue publique. Un baptême fut célébré en septembre et, quelques mois plus tard, Neymar organisa une émouvante « présentation » officielle à ses fans et coéquipiers, peu avant un match face aux Corinthians, remporté 1-0 !

Davi Lucca, le porte-bonheur ? La mascotte, en tout cas. Et un élément central dans la vie du jeune joueur qui, d'un coup, se sentait devenu vraiment adulte.

Neymar Júnior avait signé avec Santos jusqu'au Mondial 2014. Pour l'instant, son avenir s'écrivait au Brésil, en lettres d'or. Payé trois millions de réaux brésiliens par mois – sans compter les revenus publicitaires –, « Ney » était entré dans le club très envié des dix joueurs les mieux payés au monde. Restait désormais à confirmer sur le terrain tous les espoirs placés en lui.

Au mois de décembre, le Santos FC, champion d'Amérique du Sud, disputa la finale du Championnat du monde contre le FC Barcelone de Messi, vainqueur, en Europe, de la Ligue des champions. Le résultat fut sans appel : 4-0 pour les Espagnols, avec un doublé de l'Argentin. Quarante-huit ans plus tôt, en 1963, contre le Milan AC, Santos avait décroché la couronne mondiale, et tout un pays s'était pris à rêver qu'il la pose de nouveau sur sa tête. Le rêve s'était fracassé. Barcelone s'était montré virevoltant, étourdissant – confisquant le ballon tout du long et ne laissant à son adversaire que des miettes.

Vite, il fallait rebondir. Cela tombait bien : Neymar Júnior ne restait jamais à terre très longtemps.

Le 29 avril 2012, contre São Paulo, l'occasion lui était offerte de faire oublier ce cruel revers. On jouait les demi-finales du championnat, l'occasion de se hisser pour la troisième fois de suite sur le toit du Brésil. Le Santos FC avait faim de revanche, et les supporters n'eurent pas à attendre longtemps pour s'en rendre compte. Le premier but arriva très vite, dès la troisième minute, sur un penalty. Un tir sous la barre, au milieu des cages, et une célébration au goût particulier pour Neymar, qui venait d'inscrire là son centième but sous les couleurs de son équipe. Le cent unième ne tarda pas : il fut inscrit à la trente et unième minute, sur un mauvais dégagement du gardien, impitoyablement repris par l'insaisissable attaquant.

Santos FC fonçait vers la finale, avec Guarani comme adversaire. La perspective d'un troisième titre d'affilée (un vingtième en tout) galvanisait les troupes. De fait, le match aller du 6 mai tourna vite à la démonstration : avec un but de Ganso et un doublé de Neymar, Santos tua quasiment tout suspense. Cela fut fait la semaine suivante, sur le score de 4-2, avec un nouveau doublé du chéri des supporters.

Journée mémorable ! Ce triplé était un exploit que personne n'avait accompli depuis plus de quarante ans – à la grande époque du « roi Pelé ». Extatique, le jeune attaquant courait partout sur le terrain, esquivant les caméras et les flashs avec des « olé ! » d'enfant, sous les yeux des supporters hilares. Ce soir-là, dans une discothèque du centre-ville, la fête se prolongea très tard, jusqu'à l'aube. Neymar Júnior n'avait pas son pareil pour mettre de l'ambiance et enflammer le dancefloor.

Devant les journalistes, peu de temps après, il expliqua qu'il avait sans doute vécu sa meilleure saison.

– J'ai marqué quarante-trois buts, nous avons remporté le triplé, la Coupe sud-américaine, j'ai reçu le Trophée du meilleur joueur des Amériques – bon d'accord, attribué par un journal uruguayen (il riait) –, franchement, qu'est-ce que j'aurais pu espérer de mieux ?

Restait un horizon essentiel : celui des Jeux Olympiques. Si le Brésil pouvait se targuer de cinq victoires en Coupe du monde, jamais il n'avait réussi à rapporter au pays la médaille d'or des J.O. Neymar y songeait, bien sûr. Quelle meilleure façon d'entrer davantage encore dans l'histoire ?

Les Jeux de Londres étaient les trentièmes de l'ère moderne. Neymar partait en campagne flanqué de ses amis, ses alliés : l'inévitable Paulo Henrique, mais aussi Lucas, sans oublier Thiago Silva, Marcelo et Hulk, qui jouaient à l'étranger.

Le Brésil qui, selon les observateurs, avait de bonnes chances de l'emporter, devait déjà se sortir du groupe C. Le 26 juillet, le match qui l'opposait à l'Égypte commença de la meilleure des manières puisque, au bout de trente minutes de jeu, Neymar et les siens menaient déjà 3-0 (il avait marqué de la tête). Cependant, les Auriverdes se reposèrent quelque peu sur leurs lauriers, laissant leurs adversaires revenir dans la partie, à 3-2. Fin de match pénible, tendue – à oublier.

Contre la Biélorussie, qui avait ouvert le score contre le cours du jeu, Neymar sonna la révolte : un but et deux passes décisives. Le dernier match, contre la Nouvelle-Zélande, comptait pour du beurre. Le Brésil l'emporta tout de même 3-0 et termina premier de son groupe. Tous les voyants étaient au vert !

Le quart de finale - déjà – allait se jouer contre le Honduras, à Newcastle. Donnés favoris, les Auriverdes commencèrent mal leur rencontre, menés 1-0 dès la douzième minute de jeu. Ils égalisèrent sur coup franc peu avant la pause, alors que leurs adversaires se trouvaient réduits à dix. Courageux, le Honduras reprit pourtant l'avantage au retour des vestiaires... avant qu'un penalty soit sifflé contre eux. Clinique, Neymar transforma la sentence, en dépit du fait que le gardien était parti du bon côté. Un troisième but inscrit à l'heure de jeu paracheva l'affaire. Le Honduras, qui termina à neuf, avait perdu ses nerfs.

La demi-finale, paradoxalement, se révéla plus simple. Disputée dans la mythique enceinte d'Old Trafford, à Manchester, devant près de soixante-dix mille spectateurs, elle s'acheva sur le score de 3-0, sans que les Coréens ne paraissent jamais en mesure de contenir les assauts brésiliens. Impliqué sur deux des trois buts, Neymar voyait son rêve prendre forme...

Hélas ! Le 11 août 2012, à Wembley, ce fut le Mexique qui se révéla le plus fort. Menant au score dès la vingt-huitième seconde de jeu sur une erreur du gardien brésilien, les rivaux sud-américains livrèrent une partie âpre, physique. Neymar, qui se démenait comme un beau diable, manqua de peu l'égalisation à la quarante-septième minute... avant que l'adversaire porte le coup de grâce, à la soixante-quinzième minute, sur coup franc indirect. La réduction du score signée Hulk, dans les arrêts de jeu, arriva trop tard. Au milieu de la pelouse, le jeune attaquant de Santos sentit les larmes lui monter aux yeux. Pour la troisième fois de son histoire, le Brésil échouait en finale et devait se contenter de la médaille d'argent. Quelle désillusion !

Que faire, à présent ? Le cas Neymar était au cœur de toutes les discussions. Il existait, au Brésil, deux sortes de championnats. Le championnat local, disputé lors des premiers mois de l'année – celui que Santos avait remporté trois fois de suite – et le championnat national, qui regroupait toutes les grandes équipes du Brésil, et dont les matchs avaient lieu de mai à décembre. Dans cette compétition-ci, Santos ne brillait guère, bloqué en milieu de tableau. Fluminense, les Corinthians ou Flamengo faisaient, ces temps-ci, partie des cadors le plus fréquemment titrés et, si Santos avait déjà remporté à huit reprises cette compétition, son dernier titre remontait à 2002. Neymar ou pas, il serait difficile pour les joueurs en blanc de rivaliser avec les meilleurs. Restait le Championnat de São Paulo, et le Graal que représentait l'obtention d'un quatrième titre d'affilée.

Neymar était-il prêt à relever ce défi ? Devait-il, au contraire, aller tenter sa chance en Europe ? Les avis étaient partagés. De grands clubs le voulaient : le Real Madrid de Ronaldo, le FC Barcelone de Messi.

Le jeune attaquant, dont le contrat courait jusqu'à 2014, était bien conscient des interrogations que soulevait sa situation : « Évidemment, je rêve de jouer en Europe. Mais pourquoi se presser ? Je ne crois pas que le moment soit encore venu. »

Et quand le moment viendrait-il ? En cette première partie d'année 2013, le gamin de Mogi das Cruzes commençait à être la cible de critiques.

Il n'y avait pas eu de quatrième titre. Après des qualifications poussives pour les demi-finales et la finale – chaque fois aux tirs au but –, Santos avait atteint pour la cinquième fois de suite la finale du Championnat d'État, mais le compteur de Neymar était resté bloqué à douze buts (il ne serait pas le meilleur buteur du tournoi), et il ne marqua pas en finale. Après une défaite 2-1 à l'aller, Santos ne put faire mieux que 1-1 au retour et, malgré tous ses efforts, ne parvint pas à renverser la vapeur. Ney, qui avait multiplié les gestes nerveux et les échanges fleuris avec ses adversaires, ne s'était pas procuré la moindre occasion de but. Maigre consolation : le Trophée du meilleur joueur du tournoi, obtenu pour la quatrième fois de suite. Mais les journalistes hochaient la tête d'un air entendu. Cette fois, c'était sûr : l'enfant chéri de Santos allait partir.

Ils ne se trompaient pas. Neymar avait reçu deux propositions concrètes : l'une du Real Madrid, l'autre de Barcelone. Une décision difficile, qui devait être prise en famille.

Le lendemain matin, le jeune attaquant fit part à ses partenaires et à son coach de son choix. Ce serait Barcelone.

Les autres le regardaient, estomaqués. Neymar commença à s'entraîner comme si de rien n'était.

Peu de temps après, un hélicoptère vint le chercher, pour l'emmener à Caraguatatuba, sur la côte. Son ami Paulo Henrique l'attendait, il l'avait choisi comme témoin de mariage. Ce jour-là, il fit la fête, essayant de ne pas penser au football. Mais le football, toujours, le rattrapait. Le 26 mai, à Brasília, Neymar disputa son dernier match sous les couleurs de Santos. Sur les réseaux sociaux, il avait déjà prévenu ses fans : « Lundi, je signerai un contrat avec Barcelone. Je veux remercier le public de Santos pour toutes ces années fantastiques. Mes sentiments à l'égard du club et de ses supporters ne changeront jamais. Ils sont éternels ! »

Comme un symbole, cette ultime rencontre, disputée contre Flamengo dans le nouveau stade Mané Garrincha, édifié pour la Coupe du monde 2014, était la première de la nouvelle édition du Brasileirão, le Championnat du Brésil.

Toutes les places avaient été vendues : plus de soixante mille. Au moment où l'hymne national retentit, évidemment, le jeune attaquant ne put retenir ses larmes. Le match s'acheva sur un triste

0-0, mais le résultat passait au second plan. Ce qui comptait, c'était l'émotion, les amis, les coéquipiers, et ce fabuleux public, ces supporters qui, au cours de toutes ces années, lui avaient témoigné tant d'amour et d'affection !

Il se revoyait, dans les tribunes, petit garçon sauvage, cavalcadant dans les gradins ; et, plus petit encore, battant des mains à l'entrée de son père sur la pelouse... Désormais, il était papa lui-même, et un nouveau chapitre de sa vie allait s'écrire, loin de son peuple, loin de ses amis, de tous ces gens qui l'avaient soutenu. Serait-il à la hauteur ?

# 14

## BARCELONE, UN RÊVE RÉALISÉ

Une semaine plus tard, l'enfant de Santos, micro en main, foulait la pelouse du Camp Nou de Barcelone, pour une présentation en grande pompe devant les supporters et les journalistes. Ici, en Espagne, on ne le connaissait pas encore très bien, seulement de réputation. On savait qu'il était le meilleur joueur brésilien actuel, dans la lignée des Pelé, Ronaldo et autres Ronaldinho, on savait qu'il était très jeune encore et que tous les espoirs étaient permis.

— Je suis très heureux d'être ici. C'est un rêve qui se réalise, un de plus. Je remercie Dieu, et je vous remercie, vous, de l'accueil que vous me faites.

Jouer aux côtés de Messi ? C'est formidable. C'est le plus grand, voilà, et j'espère que je vais l'aider à conquérir d'autres Ballons d'or, et à gagner d'autres trophées. Je ne souhaite rien d'autre.

Les journalistes opinaient. Neymar avait bien compris où il mettait les pieds : dans l'antre du meilleur joueur du monde. D'autres attaquants de renom étaient venus ici : Eto'o et Ibrahimović, notamment. Ils étaient repartis. Il n'y avait pas de place pour deux rois, à Barcelone. Un roi et un prince, peut-être ?

Neymar adressa encore quelques sourires aux journalistes, puis s'en retourna. Les dernières heures, les derniers jours avaient été complètement fous.

Arrivé dans un jet privé, avec son père, sa fiancée du moment et quelques assistants, le désormais ex-joueur de Santos avait été conduit, dès l'atterrissage, dans le lobby d'un grand hôtel proche du Camp Nou, où les attendaient déjà sa mère et sa sœur, qui avaient commencé à visiter des maisons. Il y avait eu des séances photos pour les sponsors, ensuite, puis l'inévitable visite médicale, un déjeuner à 16 heures en famille, la signature du contrat : sept millions d'euros par an, plus deux millions de primes, et une clause de départ fixée à cent quatre-vingt-dix millions. Au moment de la présentation officielle, peu avant 19 heures, des dizaines de milliers de supporters avaient fait le déplacement, et les premiers maillots avaient commencé à être mis en vente... Un authentique marathon !

Après quelques derniers entretiens avec des télévisions catalanes, Neymar avait enfin pu dîner en famille, et rentrer dormir à l'hôtel. Quel soulagement, de pouvoir retrouver les siens ! Et de savoir, surtout, qu'ils seraient à ses côtés lors de l'ère nouvelle qui s'ouvrait...

La saison espagnole, évidemment, n'avait pas commencé encore, mais une nouvelle compétition internationale attendait Neymar : la Coupe des Confédérations 2013, qui se tenait au Brésil – raison pour laquelle il y participait. Les autres nations représentées étaient les six champions continentaux (Espagne, Uruguay, Nigéria, Mexique, Japon, Tahiti) ainsi que l'Italie, vice-championne d'Europe.

Le 15 juin, lors du premier match contre le Japon, dans ce même stade de Brasília où, quelques semaines auparavant, il avait fait ses adieux, Neymar ne déçut pas : au bout de trois minutes, il inscrivit un premier but de toute beauté : un boulet de canon. Par la suite, il se trouva mêlé à la plupart des actions de son équipe. Même chose contre le Mexique, quatre jours plus tard – la revanche des J.O. À la neuvième minute, nouvelle réalisation du virevoltant avant-centre. En fin de match, après avoir passé en revue la moitié de l'équipe mexicaine, il adressa une passe décisive à son compatriote Jô. Une fois encore, l'enfant de Santos était élu joueur du match. Belle revanche, et excellente préparation à la saison cruciale qui l'attendait avec le FC Barcelone.

Le dernier match du groupe opposait la Seleção à l'Italie. Le Brésil, entraîné par Scolari, prenait cette compétition comme une préparation à la Coupe du monde 2014, qu'il allait également accueillir. Le jeu pratiqué n'était pas celui auquel les spectateurs auriverdes étaient habitués, pas le « football-champagne » de Santos. Mais l'équipe défendait bien. Au cours des quarante-cinq premières minutes, l'Italie ne cadra pas un seul tir ; les Brésiliens, de leur côté, se montraient peu efficaces devant le but. La situation se débloqua juste avant la mi-temps, avec un but du défenseur Dante, sur un coup franc de Neymar, d'abord repris par Fred. Piqués au vif, les Azzurri revinrent ensuite avec de meilleures intentions, et égalisèrent dès la cinquante et unième minute. Quatre minutes plus tard, sur un coup franc qu'il avait lui-même obtenu, Neymar redonna l'avantage aux siens, d'un superbe but en pleine lucarne. Buffon, le gardien italien, avait beau être l'un des meilleurs du monde à son poste, il ne pouvait rien faire contre ce genre de frappe liftée, dont le jeune attaquant s'était fait une spécialité. Le Brésil était relancé. Grâce à un doublé de Fred, et malgré une réduction du score des Italiens, il prit le meilleur sur son adversaire du jour. Direction les demi-finales, où l'attendait un duel contre l'Uruguay.

Lors de ce match-là, disputé à l'Estádio Mineirão de Belo Horizonte, Neymar ne marqua pas mais fut impliqué sur les deux buts de son équipe : la première fois grâce à une frappe repoussée reprise par Fred, et la seconde sur corner, à cinq minutes de la fin, alors que Cavani, l'attaquant du PSG, avait égalisé peu après la reprise.

La finale se jouerait contre l'Espagne, qui avait éliminé l'Italie aux tirs au but, après un pénible 0-0.

L'Espagne, qui avait remporté l'Euro et le Mondial, l'Espagne de Xavi, d'Iniesta, de Ramos, de Casillas, l'Espagne dont la plupart des joueurs venaient de Barcelone et du Real, et que tout le monde prétendait invincible. Mais ce soir-là, devant les presque soixante-quinze mille spectateurs du stade Maracanã, à Rio de Janeiro, ce fut le Brésil qui se montra le plus fort.

Il faut dire que le scénario avait commencé de façon idéale : une entame de match foudroyante, avec un but de Fred dès la deuxième minute, sur un centre de Hulk mal renvoyé. Contre toute attente, et grâce à un pressing agressif, c'était le Brésil qui dominait, en ce début de rencontre. Et personne ne cria au scandale lorsque, juste avant la mi-temps, Neymar logea une somptueuse frappe du gauche juste sous la barre, à la suite d'un décalage d'Oscar. Ni quand, de retour des vestiaires, il se fendit d'une feinte stupéfiante avant de glisser une passe à Fred, qui trompa le gardien espagnol sans trembler : 3-0, alors qu'il restait plus de quarante minutes à jouer... Les Espagnols étaient à terre, pour de bon. Le penalty manqué par Sergio Ramos, peu de temps après, ressemblait à un signe. Tout comme l'expulsion de Gerard Piqué à la suite d'une faute sur Neymar – son futur coéquipier barcelonais – à l'approche des vingt dernières minutes.

Le score n'évoluerait plus. Fous de joie, dans leur stade mythique, les Auriverdes fêtèrent leur titre avec leurs supporters sous une pluie de confettis. Neymar, qui avait marqué quatre buts, et avait été impliqué dans de nombreux autres, fut désigné meilleur joueur du tournoi. Quelle meilleure façon de marquer les esprits, à la veille de son arrivée en Europe ?

15

# DANS LA COUR DU MEILLEUR JOUEUR DU MONDE

Le titre gagné, Neymar partit pour des vacances bien méritées. Il était passé par la case hôpital : pour se faire enlever les amygdales, qui le gênaient, et redresser la cloison nasale, afin de mieux respirer.

Après quelques jours passés au soleil, à la plage, avec ses amis, le jeune attaquant reprit l'avion pour l'Espagne, où il arriva à la fin de juillet. Déjà, l'entraînement commençait, avec Messi et les autres. L'équipe s'envola pour la Pologne, où l'attendait un match amical contre Lechia Gdańsk. Ce jour-là, le Brésilien n'entra en jeu qu'un quart d'heure avant la fin, au moment où Messi était déjà sorti, mais quelle importance ? Le 2 août avait lieu sa première rencontre au Camp Nou... contre Santos, justement.

Pour ses grands débuts, le public était au rendez-vous : quatre-vingt-un mille aficionados avaient pris place dans les tribunes, curieux de voir comment allait se comporter leur nouvelle pépite. Ce jour-là, Messi et les siens infligèrent une véritable humiliation au club de cœur de Neymar : un cinglant 8-0 !

Si Leo Messi se révéla le principal artisan de la victoire des Blaugranas – un but rapide, un rôle toujours essentiel au cœur du jeu –, Neymar, qui entra au début de la seconde période, put évoluer quelques minutes à son côté, et commencer à faire étalage de son talent. Il ne marqua pas, cette fois-ci. On avait l'impression qu'il n'osait pas tirer, ou pas encore, préférant servir ses partenaires au mieux, les observer, s'adapter à eux. Et puis, c'était Santos en face. Au fond de lui, et même s'il n'avait jamais joué avec le frein à main, il avait de la peine pour les gars du pays. Bref : de son côté, peu d'enseignements à tirer de cette rencontre.

Dans la foulée, Messi, Ney et leurs coéquipiers s'envolèrent pour l'Asie, et une tournée de présaison. Les préparateurs physiques de Barcelone observaient Neymar de près. Ils voulaient qu'il prenne deux ou trois kilos, qu'il se renforce musculairement. Ils notaient chacun de ses faits et gestes.

Souvent titulaire, lors de cette tournée, Neymar commença à marquer des buts. Mais c'est contre l'Atlético Madrid – l'un des grands adversaires annoncés pour la saison à venir — que commencèrent les choses sérieuses. La finale aller de la Super-Coupe avait mal débuté : 1-0 pour Madrid, sur une superbe volée de David Villa, un ancien de Barcelone. Dans la foulée, Messi, blessé, dut sortir. Barcelone paraissait au fond du trou. Mais Neymar, rentré à la cinquante-neuvième minute, avait décidé de prendre les choses en mains : dès la soixante-sixième, sur un centre de son compatriote Dani Alves, il devança un défenseur et, d'une tête bien placée, trompa le gardien adverse : 1-1 ! Fou de joie, pour son premier but officiel, le jeune attaquant partit se jeter dans les bras de ses coéquipiers. Ce but à l'extérieur comptait double. Au match retour, un 0-0 suffit aux Blaugranas pour remporter le trophée. La saison commençait bien !

Neymar, cependant, dut attendre le 24 septembre pour inscrire son premier but en championnat, contre la Real Sociedad, sur un cafouillage de la défense adverse. L'ancien de Santos était doublement heureux. Pour lui, évidemment, et pour son fils, Davi Lucca, qu'il avait présenté au public du Camp Nou juste avant la rencontre. Tout naturellement, il lui dédia son but.

Peu à peu, le jeune attaquant se faisait une place au sein de l'équipe. La Ligue des champions, qui venait de débuter, devait lui donner l'occasion de briller davantage. Le 1er octobre, contre le Celtic Glasgow, il lui fallut pallier l'absence de Messi. Il le fit avec talent, déployant sur le terrain une activité incessante, dribblant et débordant, donnant le tournis à la défense adverse, sans oublier, aussi souvent que possible, de défendre. Ce soir-là, il ne marqua pas, mais provoqua l'expulsion d'un joueur adverse, et contribua grandement au succès de son équipe.

Les fans et les journalistes étaient satisfaits. Certains observateurs avaient prédit les pires difficultés au jeune Brésilien. S'adapter au football européen n'avait rien d'évident, certains de ses anciens coéquipiers en avaient fait l'expérience, à commencer par Robinho, qui n'avait jamais pleinement concrétisé les espoirs placés en lui.

Mais Neymar, de toute évidence, trouvait ses marques. Il commençait à inscrire des buts, à glisser des passes décisives.

Et la vie, comment allait-elle ? Un journaliste lui avait posé la question, en début de saison.

– Tout va bien, grâce à Dieu. Je me suis installé à Ciudad Condal, dans les hauteurs de Barcelone. Une maison de trois étages. Mon père vit avec moi. Ma mère et ma sœur sont restées à Santos, mais elles viennent souvent nous rendre visite. Pareil pour mes amis. Chaque fois que c'est possible. J'ai besoin d'un entourage stable. De chaleur, d'amitié.

– Et votre fiancée ?

Neymar avait souri.

– Elle est restée au Brésil, elle aussi. Elle travaille beaucoup pour la télévision, vous savez. Je ne peux pas lui demander de laisser tomber sa carrière pour moi.

– On dit que vous sortez peu. La vie barcelonaise, c'est quoi, pour vous ?

– J'aime bien manger. (Nouveau sourire.) Mais je dois faire attention. Je vais dans des restaurants japonais – il y en a beaucoup de très bons, dans le coin. Je suis très ami avec Dani Alves. Entre compatriotes, on se comprend. C'est lui qui m'a trouvé mon nouveau coiffeur. Il est très drôle, très protecteur, aussi.

– Et vos loisirs ?

– Bah, vous me connaissez. La musique. La musique brésilienne. Le foot à la télé – je regarde surtout les matchs de Santos. Des films, beaucoup. Des jeux vidéo, aussi. Des courses de voiture. Et FIFA !

– Vous vous jouez vous-même ?

Neymar avait éclaté de rire.

– Je devrais, non ?

Le 26 octobre 2013 fut une date importante pour Neymar : le premier « classico », contre le Real Madrid, le choc des titans, le match que toute l'Espagne attendait. Messi d'un côté, Ronaldo de l'autre. La rencontre revêtait d'autant plus d'importance qu'à ce moment, et après neuf journées, Barcelone occupait la tête du classement, avec trois points d'avance sur son grand rival.

Le match, Neymar le savait, allait être l'un des plus regardés au monde, il était diffusé dans le monde entier, on parlait d'un milliard de téléspectateurs. Pas question de se rater. Et l'enfant de Santos ne se rata pas. On ne jouait pas depuis vingt minutes qu'Iniesta, aux abords de la surface, laissa le ballon au numéro 11, qui effaça un défenseur d'un petit pont, et tira sans se poser de questions : 1-0, dans un Camp Nou bouillant comme un chaudron. Neymar s'illustra aussi sur le second but, offert à Alexis Sánchez, qui trompa le gardien Diego López d'un joli lob piqué : 2-0. La messe était dite, et ce n'est pas le but madrilène inscrit dans les arrêts de jeu qui y changea quelque chose. Sorti à la quatre-vingt-quatrième minute, au profit de Pedro, Neymar put savourer les acclamations d'un public en transe, qui l'avait définitivement adopté.

16

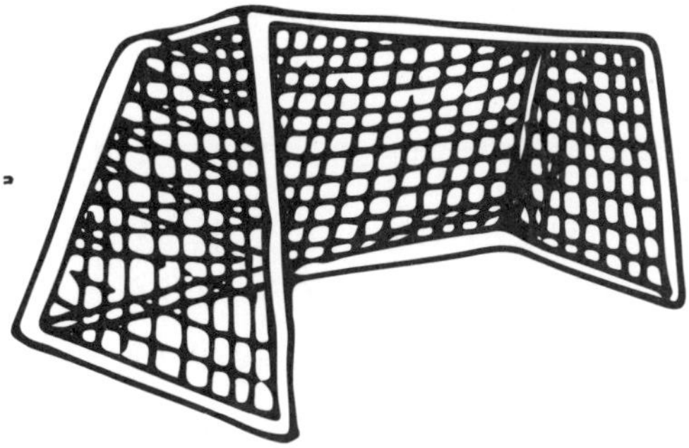

# « NOUS REVIENDRONS PLUS FORTS »

La suite, hélas, allait s'avérer moins réjouissante. En championnat, le FC Barcelone n'était jamais parvenu à distancer ses concurrents madrilènes, le Real et l'Atlético. Le 23 février, après une défaite contre la Real Sociedad, il céda pour la première fois sa place aux coéquipiers d'Antoine Griezmann. Le duo Neymar-Messi ne fonctionnait pas de façon très naturelle. Les deux joueurs, en vérité, ne se connaissaient pas encore si bien que ça. Ils manquaient d'automatismes. Quand l'un sortait de blessure, c'était au tour de l'autre de se faire mal. L'enfant de Santos marquait des buts... mais pas tant que ça. Il délivrait des passes, mais pas tant que ça non plus. Jusqu'au bout, les Blaugranas allaient devoir lutter pour un titre dont on avait pensé à tort, en début de saison, qu'il leur tendait les bras.

Heureusement, il y avait les matchs du Brésil, et la Coupe du monde qui se profilait. Au mois de mars, contre l'Afrique du Sud, l'enfant chéri de la Seleção, affublé de son numéro 10 fétiche, inscrivit un triplé, et se fit prendre en photo avec un gamin qui venait d'entrer sur le terrain. Une parenthèse enchantée (il se retrouvait, dans cet enfant, dans l'étincelle de son regard, l'émerveillement qu'il y lisait), qui ne suffit pas, malheureusement, à lui faire oublier la réalité du moment.

Car si le FC Barcelone était toujours à la lutte en championnat, et avait bien du mal à conserver son titre, il y avait aussi la Ligue des champions, dans laquelle il avait du mal à briller. En huitièmes de finale, la bande à Messi avait certes écarté Manchester City, mais Neymar n'avait pas réellement pesé sur les deux confrontations. Lors du match retour, remporté 2-1 après une victoire 2-0 à l'aller, le jeune Brésilien entendit même ses premiers sifflets. Les supporters des Blaugranas commençaient à se poser des questions. Comme d'habitude, il y avait Messi et les autres.

Messi le roi, et ses vassaux, réduits au rang de faire-valoir.

En quarts de finale, opposée à l'Atlético Madrid, qui lui rendait aussi la vie difficile en championnat, la formation catalane sortit par la petite porte : 1-1 à la maison, défaite 1-0 à Madrid. Le pire, c'est qu'on n'avait jamais senti les Barcelonais capables de faire sauter le verrou madrilène. Malgré son but inscrit à l'aller, Neymar était terriblement déçu. La Ligue des champions, chaque année, était un objectif majeur des Blaugranas ; il avait cru pouvoir les aider à la conquérir. Il lui faudrait patienter.

Il n'était pas, par ailleurs, au bout de ses peines. En finale de la Coupe du Roi, face au Real de Ronaldo, la bande à Messi laissa échapper un nouveau trophée : défaite 2-1, et une nouvelle blessure pour le jeune Brésilien.

Trois semaines plus tard, il retrouva les terrains pour ce qui s'annonçait comme une rencontre décisive – face à l'Atlético Madrid, une fois encore. Cette fois, les enjeux étaient clairs : pour remporter le titre, il fallait gagner. Barcelone n'y parvint pas, qui dut se contenter d'un triste 1-1. Neymar, entré à l'heure de jeu, ne put rien changer à la situation, et les Blaugranas quittèrent le terrain tête basse. Un titre de plus leur échappait !

Plus tard, en interview, le Brésilien dut convenir qu'il n'avait pas réalisé la saison dont il avait rêvé.

– Je pense toujours que le meilleur est à venir, mais je suis déçu pour nous, pour les supporters. J'espérais évidemment autre chose. Cependant, nous apprenons, j'apprends. Nous reviendrons plus forts.

– Êtes-vous déçu d'avoir souvent joué côté droit ? Ce n'est pas votre meilleure position, si ?

– Je joue là où on a besoin de moi. Je ne peux pas me cacher derrière des décisions du coach.

– Avez-vous le mal du pays ?

Il haussa les épaules.

– Mon cœur est brésilien, c'est comme ça, mais je ne suis pas le seul étranger à évoluer ici. Messi n'est pas espagnol. Ronaldo non plus, Griezmann, Bale, etc. Nous sommes des professionnels. Nous avons des engagements.

Pour sa première saison barcelonaise, Neymar avait inscrit quatorze buts et livré huit passes décisives. Il avait disputé plus de cinquante rencontres. Ses statistiques étaient bien insuffisantes, et il en était conscient.

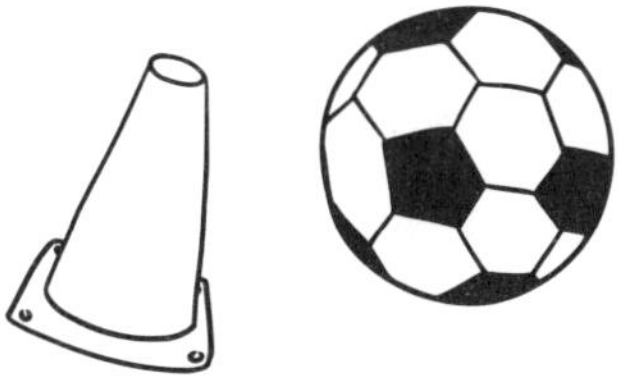

17

# L'ENFANT CHÉRI DE LA SELEÇÃO

Restait le Brésil. Restait la Coupe du monde, pour donner enfin à cette saison le brillant qu'elle méritait.

La pression, en vérité, était immense. Tout un pays attendait un triomphe. Cela faisait longtemps - bien trop longtemps, estimaient les supporters auriverdes — que leurs favoris n'avaient pas remporté le prestigieux trophée. Scolari, le coach brésilien, avait conscience des enjeux, et faisait tout pour protéger ses joueurs du stress. Kaká et Ronaldinho - les gloires anciennes du club, les anciens Ballons d'or — n'avaient pas été retenus. Personne ne prétendait que tout reposait sur

Neymar, mais l'enfant de Mogi était conscient de ce qui l'attendait. Mentalement, il se sentait au top.

– Je suis heureux de jouer pour mon pays. Ma saison avec Barcelone est terminée, j'en ai tiré des enseignements pour la suite. Mais à présent, je suis ici, pour le Brésil. Et je veux gagner cette Coupe. Comme Ronaldo et Romário avant moi. Rien ne pourrait me rendre plus fier.

C'étaient les paroles que l'on attendait de lui. Mais on attendait aussi des actes. Et si, lors du premier match amical contre le Panama, le 3 juin, Neymar avait effectivement inscrit un but à l'orée de la demi-heure de jeu, son équipe ne s'imposa ensuite que sur la plus petite des marges face à la Serbie, et déçut, comme elle le faisait trop souvent ces derniers temps.

Plus le temps de gamberger, cependant. Le match d'ouverture avait lieu le jeudi 12 juin à l'Arena Corinthians de São Paulo, un stade que Neymar connaissait bien.

La rencontre opposait le Brésil à la Croatie, une équipe capable de créer la surprise grâce à un trio de grand talent : Luka Modrić, Mario Mandžukić et Ivan Rakitić. Si les choses commencèrent bien mal pour les Auriverdes (but contre son camp de Marcelo à la onzième minute, dans un silence de mort), Neymar ne tarda pas à sonner la révolte, en marquant le but de l'égalisation d'un tir du gauche, avant la mi-temps.

Tout restait à faire, mais le Brésil ne jouait pas très bien, peinait à donner du rythme. Il fallut attendre la soixante-huitième minute, et un penalty très généreusement accordé, pour que l'enfant de Santos donne l'avantage aux siens. Un but d'Oscar dans les arrêts de jeu permit au Brésil de se tirer d'une situation mal engagée. Les Auriverdes n'avaient pas convaincu mais, au moins, ils avaient gagné, et Neymar avait inscrit un doublé.

Simple feu de paille ? Quelques jours plus tard, contre le Mexique, et devant soixante mille spectateurs, Neymar et les siens ne purent offrir mieux à leur public qu'un triste 0-0. Les occasions avaient été rares, et les journalistes locaux s'étaient montrés sévères. C'était ça, le Brésil censé gagner la Coupe du monde ? De toute évidence, il y avait encore beaucoup de chemin à parcourir.

Six jours plus tard, au stade Mané Garrincha de Brasília, le Brésil se rassura contre le Cameroun :

4-1, et une qualification à la clé. Une fois encore, pour le centième match de son pays dans la compétition, Neymar avait été au four et au moulin. Son but rapide, à la dix-septième minute, avait été suivi d'une égalisation camerounaise, avant que le gamin de Santos redonne l'avantage aux siens devenant, à 22 ans seulement, le septième meilleur buteur de l'histoire de la Seleção.

Les choses sérieuses allaient maintenant commencer : huitièmes de finale contre le Chili, un match à élimination directe. Gagner, à tout prix : tel était désormais le seul objectif. Ce 28 juin, au stade de Belo Horizonte, quand le défenseur David Luiz ouvrit la marque dès la dix-septième minute, les supporters auriverdes pensaient vraiment que le plus dur avait été fait. Mais les Chiliens répondirent un quart d'heure plus tard. Dès lors, le match se tendit considérablement. Et les Brésiliens commencèrent à montrer des signes de fébrilité sans parvenir à reprendre l'avantage. Dans les arrêts de jeu, un véritable vent de panique souffla dans les tribunes lorsqu'un joueur chilien envoya un boulet de canon sur la transversale brésilienne. La catastrophe avait été évitée de justesse. Place, désormais, à l'épreuve des tirs au but.

Les Auriverdes étaient tout sauf sereins. Júlio César, le gardien, n'essayait même pas de retenir ses larmes ; quant au capitaine, Thiago Silva, il refusait carrément de participer à la séance à venir. Neymar n'en croyait pas ses yeux. À genoux sur la pelouse, il en appelait à ses ancêtres, à tous les saints du Brésil, à tous les héros qui l'avaient précédé dans ces moments difficiles.

L'épreuve était incroyablement stressante. Une élimination, ici, aurait été vécue comme une punition, comme une humiliation pour Neymar et les siens. De leur côté, les Chiliens, sentant l'exploit à leur portée, ne se montraient pas moins fébriles. La nervosité, palpable, paralysait les tireurs. De part et d'autre, deux penaltys furent manqués. Quand vint le tour de Neymar de tirer, l'attaquant eut l'impression que ses pieds pesaient trois tonnes. Des millions de regards, il le savait, étaient braqués sur lui. Il fallait qu'il l'oublie, qu'il fasse seulement ce pour quoi il était né : marquer.

Sans réfléchir, il s'élança, piétina un peu, laissa le gardien partir sur la droite… et catapulta le ballon à gauche, au ras du sol.

Quand, lors de la minute suivante, l'attaquant chilien vit son tir repoussé par le poteau, c'est tout un peuple qui exulta. Ivre de bonheur, Neymar courut dans les bras de son entraîneur. À bout de nerfs, certains de ses coéquipiers étaient incapables de retenir leurs larmes. La route vers le sacre, pourtant, était encore longue.

Elle passait par la Colombie, le prochain adversaire des Auriverdes.

18

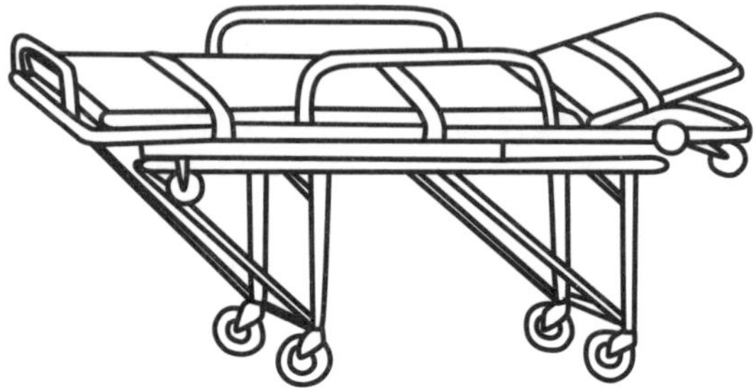

# UN MATCH FATIDIQUE

Ce match-là, ce match du 4 juillet 2014, Neymar aurait sans doute préféré ne jamais le vivre. Tout avait pourtant bien commencé, avec ce corner tiré par ses soins à la septième minute, et ce but de Thiago Silva. Tout s'était bien poursuivi, avec cette réalisation de David Luiz sur coup franc, à la soixante-neuvième, qui donnait aux siens un avantage de deux buts. Assez pour voir venir la suite avec sérénité ? Pas vraiment.

D'abord, il y eut cette réduction du score des Colombiens sur penalty, dix minutes plus tard. Et, surtout, à la quatre-vingt-septième, cette faute du Colombien Zúñiga sur Neymar : un coup de genou dans le dos, d'une violence inattendue. Foudroyé par la douleur, l'enfant de Santos s'effondra, le nez dans la pelouse. À ses coéquipiers, venus s'enquérir de son état, il ne put que dire la vérité : il ne sentait plus ses jambes ! « Quoi ? », s'exclama Marcelo, paniqué.

Une civière fut appelée en urgence, Neymar pleurait : de peur, de douleur, de frustration. La qualification de son équipe, ce jour-là, relevait presque de l'anecdote. Certes, le Brésil filait en demi-finale, mais son enfant chéri, lui, souffrait d'une blessure très rare en football : une fracture de la troisième vertèbre. À quelques centimètres près, lui expliqua un médecin, cela aurait pu être beaucoup plus grave.

Neymar restait inconsolable. Pour lui, il le savait, la Coupe du monde était terminée. Tout ce qu'il pouvait espérer, à présent, c'est que ses coéquipiers s'en sortent sans lui. Pouvaient-ils le faire ? Ils lui avaient paru si fébriles, contre le Chili. Si... fragiles.

Hélas ! Son pressentiment ne le trompait pas.

La demi-finale jouée contre l'Allemagne, et sans lui, se révéla le match le plus catastrophique de l'histoire de la Seleção.

Devant plus d'un milliard de téléspectateurs, les Auriverdes sombrèrent corps et âme. Ouverture du score allemand dès la onzième minute, sur corner. Puis, en l'espace de quatre minutes, trois nouveaux buts allemands, un de Klose, les deux autres de Toni Kroos. À la vingt-neuvième minute, Sami Khedira corsa l'addition, mais tout le monde avait déjà compris que c'en était fini du Brésil. Chaque action ou presque amenait du danger. En perdition, la défense auriverde perdait la plupart des ballons, et se montrait incapable de relancer. Touchés-coulés, les Brésiliens étaient incapables de réagir. Tout ce qu'ils pouvaient espérer, dorénavant, c'était éviter une déroute.

Ils ne l'évitèrent pas. Entré en jeu en fin de match, le jeune André Schürrle s'offrit un doublé de gala : 7-0 ! Un résultat totalement surréaliste.

Neymar, qui regardait le match chez lui, avec sa famille et ses amis, éteignit le poste.

— Je crois qu'on peut arrêter, là.

Il ne vit pas Oscar marquer le but du 7-1 en toute fin de rencontre, mais ça n'avait absolument aucune importance.

Le match pour la troisième place, disputé quelques jours plus tard, n'en avait pas beaucoup plus.

L'honneur ? L'honneur était mort. La presse s'en donnait à cœur joie. Une honte. Un massacre : « Scolari démission ! »

Dans son grand malheur, Neymar avait la chance d'être épargné. Lui n'avait pas joué ce match, il ne pouvait pas être tenu pour responsable.

Pour la rencontre contre les Pays-Bas, il s'efforça, piteusement, de galvaniser les siens : « Je sais que les gens sont déçus, mais pour nous, ce doit être comme une finale, répétait-il, il faut conclure sur une note positive, rendre aux supporters ce qu'ils nous ont donné. »

Il ne fut pas entendu ; ou bien, ses coéquipiers n'avaient plus la force de se battre. Les Pays-Bas l'emportèrent sur le score de 3-0, lors d'un match à sens unique. En conférence de presse, le coach brésilien, abattu comme jamais, eut la surprise de voir Neymar venir l'étreindre en direct. Il n'en donna pas moins sa démission quelques jours plus tard. La dernière victoire en Coupe du monde, obtenue sous sa direction en 2002, paraissait bien loin.

19

# L'ANNÉE DES ATTAQUANTS

Ney devait tourner la page. Se remettre de sa blessure, bien sûr - celle qui avait failli mettre un terme à sa carrière — et puis renfiler le maillot barcelonais, et se projeter vers la nouvelle saison. Son objectif était clair : faire mieux, bien mieux que l'année précédente. Trouver enfin l'entente parfaite avec Messi. Et montrer au monde entier qu'il n'était pas seulement le meilleur joueur du Brésil.

Dès le mois d'août, l'enfant de Santos était de retour au centre d'entraînement catalan. C'était un joueur neuf, plein de résolutions nouvelles. Il avait rompu avec sa fiancée, sans heurts. Sur les réseaux sociaux, son influence ne cessait de grandir :

désormais, ses followers se comptaient en dizaines de millions. Interrogé par les journaux, son ami Dani Alves se montrait confiant.

– Neymar ? Un garçon fantastique. Oui, il est joyeux, joueur, il aime se montrer, il aime s'amuser. Mais sur le terrain, il n'y a pas plus sérieux que lui. Le foot, c'est toute sa vie. Sa période d'adaptation est terminée. Je suis sûr que cette année va être son année.

Oui, cette année sera son année, pensaient les supporters, s'il arrive à jouer en duo avec Messi. Sans s'oublier, mais sans essayer de tirer la couverture à lui.

En Liga, contre Villarreal, Ney, entré en seconde mi-temps, offrit à la Pulga (le surnom de Messi) une délicieuse passe décisive, qui scella la victoire des Blaugranas. Quelque temps plus tard, contre l'Athletic Bilbao, il s'offrit un doublé – ses premiers buts en championnat depuis le printemps précédent. Le FC Barcelone entamait sa saison comme un bolide : trois matchs, trois victoires. En interview, Ney s'en disait convaincu : lui et Messi allaient « se trouver » de plus en plus facilement.

On n'avait encore rien vu.

Cette saison-là allait rester, pour les fans de la Liga, l'une des plus glorieuses de son histoire. Deux équipes allaient terminer avec plus de cent buts marqués. D'un côté, le Real Madrid de Ronaldo, Benzema et Bale ; de l'autre, les Barcelonais, avec Messi, Neymar et Suárez (qui, en ce début de saison, ne jouait pas encore). Ça allait être l'année des cartons, des avalanches de buts. L'année des attaquants.

27 septembre : premier triplé de Neymar au Camp Nou, contre Grenade, pour une victoire finale 6-0. Le troisième but, marqué sur une passe de Messi, fut l'occasion pour les deux cracks de tomber dans les bras l'un de l'autre. De montrer leur entente, leur complicité. À eux deux, en six journées, ils venaient d'inscrire onze des dix-sept buts de leur équipe. Ney tournait à un but par match.

Bien sûr, tout n'était pas toujours parfait. À la fin de septembre, contre le PSG d'Ibrahimović, les Barcelonais s'inclinèrent 3-2 en Ligue des champions. Neymar marqua, mais resta assez discret et, finalement, la défaite paraissait logique. « Pas de panique, répétait le coach, c'est au printemps que l'on fera les comptes. »

En attendant, il fallait essayer de briller sur tous les fronts ; la saison allait être aussi - et surtout — une affaire d'endurance.

Très vite, Messi et les siens refirent parler la poudre. Neymar, qui venait d'inscrire un quadruplé au Japon avec la sélection nationale (40 buts en 44 matchs, et il n'avait que 22 ans), se sentait pousser des ailes. Pour le premier classico contre le Real, le 25 octobre, le trident Neymar-Messi-Suárez - le fameux NMS, qui allait bientôt entrer dans la légende — était enfin présent sur la pelouse. L'occasion de dynamiter la défense adverse ? Ce ne fut pas ce qui se passa. Malgré l'ouverture du score de Ney, les Blaugranas commirent trop d'erreurs en défense, et se firent punir par un Real en feu. Lors des semaines suivantes, après une défaite largement évitable contre le Celta Vigo, Barcelone dut abandonner la première place du classement, qu'il avait occupée pendant huit journées, aux rivaux madrilènes, qui se trouvaient clairement dans une pente ascendante. Les Blaugranas étaient tombés de leur trône. Ils allaient mettre dix-sept journées à le reconquérir - dix-sept journées passées à galoper derrière le Real Madrid porté par un Ronaldo stratosphérique. Une course de fond, avait prévenu l'entraîneur. Seul comptait le résultat final.

En Ligue des champions, le Barça commençait à trouver ses marques : 3-1 dans le match retour contre le PSG, avec trois buts signés Neymar, Messi et Suárez.

La trêve hivernale fut la bienvenue. Neymar, fatigué, blessé, avait besoin de souffler. Le Barça était deuxième du championnat, et avait fini premier de sa poule européenne en remportant cinq matchs sur six.

– Je vais bien, assurait Ney en interview. C'est autre chose qu'à Santos : plus intense, plus stimulant encore.

Il évoquait son père, aussi. Son père qui ne le quittait pas, surveillait ses progrès, lui tendait la main quand il tombait, trouvait les bons mots quand l'horizon s'assombrissait.

La rentrée, justement, ne fut pas très heureuse. Neymar, Messi et Dani Alves, revenus trop tard de vacances, furent laissés un moment sur le banc. Résultat ? Le Barça, toujours deuxième, s'inclina devant la Real Sociedad, en marquant contre son camp. Le championnat était-il terminé ? Peu de temps après, les joueurs, conscients qu'ils risquaient de vivre une nouvelle année blanche créèrent un groupe WhatsApp® pour discuter entre eux, et trouver ce qu'il restait à améliorer. Chacun procéda à son autocritique. Des objectifs furent définis.

– Mission « top secret », disait Neymar à son père, qui essayait d'en savoir plus. J'ai juré de ne rien révéler.

Les Blaugranas repartirent au combat. Dès le 8 janvier, en huitièmes de finale de la Coupe du Roi, les attaquants retrouvèrent le chemin des buts : 5-0 contre Elche, doublé de Ney, qui, au passage, venait déjà d'inscrire son seizième but, son total de l'année précédente !

Le festival continua. Victoire 3-1 contre l'Atlético Madrid, le poursuivant direct, et une nouvelle preuve de l'efficacité de la NMS, le redoutable trio sud-américain. Les observateurs en convenaient : l'Argentin, le Brésilien et l'Uruguayen avaient l'air de s'entendre à merveille, sur le terrain mais aussi au-dehors. Les beaux jours arrivant, Ney invitait souvent ses compères chez lui, et faisait chauffer le barbecue. C'est au cours de l'un de ces après-midis que Messi, une assiette à la main, vint se poster près du jeune Brésilien.

– Il faut que tu arrêtes de nous respecter autant.

– Quoi ?

L'Argentin sourit.

– On joue ensemble. Oublie toute idée de hiérarchie. Ce qui compte, c'est l'équipe. Je ne suis pas plus important ni meilleur que toi. Et Luis non plus.

Sans rien ajouter, la Pulga tourna les talons. Ney en restait estomaqué. Oui, vraiment, une étape avait été franchie.

Un pour tous, tous pour un ? Ce n'était pas toujours aussi simple. Dans un match contre la Corogne, où on lui demanda de sortir – les Blaugranas menaient 3-0 –, le jeune Brésilien laissa exploser sa colère. Quand disputerait-il un match en entier, bon sang ? Lors de cette saison, en championnat, il n'avait été que sept fois titulaire pendant toute la rencontre.

– Calme-toi, lui recommanda son père un soir, au restaurant. Tu te rappelles ce que t'a demandé Messi ? Pas de hiérarchie, ce qui compte, c'est l'équipe ? Ça signifie aussi que tout ne tourne pas autour de toi. Tu dois te battre pour gagner ta place.

Ney opina. Dès le 28 janvier, contre l'Atlético Madrid – un quart de finale de la Coupe du Roi — il fit une fois de plus étalage de son talent, inscrivant un doublé en première mi-temps, donnant le tournis aux partenaires de Griezmann, au point que ces derniers terminèrent le match avec deux joueurs expulsés.

Pas le temps de savourer. Au début du mois de mars, après une victoire 6-1 contre le Rayo Vallecano, le FC Barcelone venait, enfin, de reprendre la tête du classement au Real Madrid. Dans la foulée, ils validèrent leur billet pour les quarts de finale de la Ligue des champions, après avoir écarté le Manchester City de Manuel Pellegrini en deux victoires : 2-1 à l'aller, 1-0 au retour.

Avril arrivait, et le FC Barcelone était encore en lice dans toutes les compétitions où il était engagé.

Neymar, si heureux quand il jouait, continuait à manifester sa mauvaise humeur quand le coach décidait de le faire sortir. Il shootait dans des bouteilles, jetait ses crampons à terre, refusait de serrer la main du coach. Louis Enrique, qui en avait vu d'autres, se contentait de hausser les épaules : « Ce n'est pas très intéressant, tout ça, c'est de l'anecdote. Ce que je vois, c'est que Neymar aime être sur le terrain. Qu'il aime marquer. Le problème, c'est qu'il n'est pas le seul. Mais la joie qu'il éprouve à pratiquer son sport, pour moi, c'est immensément précieux, ça n'a pas de prix. »

En quarts de finale de Ligue des champions, au mois d'avril, les Barcelonais écartèrent le PSG, déjà rencontré en poules, sans trop de difficultés. Neymar marqua un but à l'aller et deux au retour : victoires 3-1 et 2-0, sans fioritures. Les demi-finales, contre le Bayern de Pep Guardiola, l'ancien entraîneur des Blaugranas, fut une fois encore pour Ney l'occasion de briller. Une victoire 3-0 à l'aller, avec un but du Brésilien dans les arrêts de jeu – un résultat acquis dans le dernier quart d'heure, sous l'impulsion d'un Messi étincelant... Et une défaite 3-2 au retour, mais avec un doublé de Neymar, qui avait longtemps permis à son équipe de mener 2-1.

En finale, contre la Juventus de Massimiliano Allegri, le Barça ne trembla jamais vraiment. Après une rapide ouverture du score, en première mi-temps, il se fit reprendre à la cinquante-cinquième minute, réagit par Suárez moins d'un quart d'heure plus tard, avant que Ney, flamboyant, marque le but de la délivrance au bout des arrêts de jeu, à la quatre-vingt-dix-septième minute. Comme toujours, ses pensées se tournèrent vers sa famille. Son père, qui avait consenti tant de sacrifices ! Son fils, auprès duquel il voulait tant briller ! Sa mère et sa sœur, évidemment, qui, toujours, avaient été là pour lui.

Premier titre de la saison, et quel titre ! La plus prestigieuse des Coupes européennes !

20

# L'ÉTERNEL ENFANT DE MOGI DAS CRUZES

Barcelone n'allait pas s'arrêter là.

Le 17 mai, lors de l'avant-dernière journée, Messi et les siens arrachèrent une victoire contre l'Atlético Madrid, qui leur offrait le titre de champion. Ney ne marqua pas cette fois, mais en finale de la Coupe du Roi un peu plus tard, il ne rata pas la cible. Victoire 3-1, but du Brésilien et, à l'arrivée, un triplé de folie, de ceux qui allaient rester dans les annales.

À eux trois, Ney, Messi et Suárez avaient inscrit cent vingt-deux buts. Le jeune Brésilien, pour sa part, en avait marqué trente-huit, en cinquante matchs, dont dix en Ligue des champions, ce qui faisait de lui le meilleur buteur de la compétition, avec... Messi et Ronaldo.

Pouvait-il rêver mieux ?

Lors de la saison suivante, il inscrirait trente et un « gooooals », et délivrerait vingt passes décisives, offrant aux Blaugranas un nouveau titre de champion d'Espagne, avec cent douze buts marqués au total – un score porté à cent seize l'année d'après. Avec ses deux compères sud-américains, il ferait de ces années une ère de légende pour l'équipe barcelonaise, symbolisée par une avalanche de buts.

La Ligue des champions de 2015 est, aujourd'hui, la dernière à remplir l'armoire à trophées du FC Barcelone.

Bientôt – personne ne le savait encore –, Ney allait s'envoler vers d'autres cieux, ceux du Paris Saint-Germain, au terme du transfert le plus coûteux de l'histoire du football.

Ce serait, là-bas, une autre aventure, avec plus de soixante buts marqués en championnat, trente-cinq en Ligue des champions, etc.

L'enfant de Santos, le bon génie de Barcelone allait devenir un Parisien à part entière, aidant le PSG à garnir une belle armoire à trophées. En parallèle, il allait courir après le record du nombre de buts en sélection nationale, détenu par le « roi Pelé ». Déjà, il était debout sur la deuxième place du podium. Clairement, il visait la première.

En 2022, après plus de vingt titres acquis avec trois équipes, cet amoureux du beau jeu, cet artiste total, cet éternel enfant, ce magicien qui avait donné du bonheur et du rêve à des millions de fans... n'était toujours pas rassasié.

Le serait-il un jour ?

# BONUS !

## NEYMAR

## NEYMAR DA SILVA SANTOS JÚNIOR

**Surnoms :** Neymar Júnior, Neymar, Ney

**Date de naissance :** 5 février 1992

**Lieu de naissance :** Mogi das Cruzes (Brésil)

**Taille :** 1,75 mètre

**Poids :** 68 kg

**Position principale :** Attaquant polyvalent

**Pied fort :** Droit

**Maillot :** N° 10

**Parcours :**

Portuguesa Santista (1999-2003) ; Santos FC (2003-2009, 2009-2013) ; FC Barcelone (2013-2017) ; PSG (2017- ).

**Carrière en sélection nationale :** 119 sélections

## PALMARÈS

### → EN CLUB

**Vainqueur du Mondial des clubs :** 2015 (FC Barcelone)

**Vainqueur de la C1 :** 2015 (FC Barcelone)

**Vainqueur de la Copa Libertadores :** 2011 (Santos FC)

**Vainqueur de la Super-Coupe d'Espagne :** 2013 (FC Barcelone)

**Champion d'Espagne :** 2015, 2016 (FC Barcelone)

**Champion de France :** 2018, 2019, 2020, 2022 (Paris-SG)

**Vainqueur de la Coupe du Brésil :** 2010 (Santos FC)

**Vainqueur de la Coupe d'Espagne :** 2015, 2016, 2017 (FC Barcelone)

**Vainqueur de la Coupe de France :** 2019, 2020 (Paris-SG)

**Vainqueur de la Coupe de la Ligue :** 2020 (Paris-SG)

**Vainqueur du Trophée des champions :** 2018, 2020 (Paris-SG)

**Finaliste du Mondial des clubs :** 2011 (Santos FC)

**Finaliste de la C1 :** 2020 (Paris-SG)

**Finaliste de la Coupe d'Espagne :** 2014 (FC Barcelone)

### → EN SÉLECTION

**Vainqueur de la Coupe des Confédérations :** 2013 (Brésil)

**Vainqueur des Jeux Olympiques :** 2016 (Brésil)

**Finaliste de la Copa América :** 2021 (Brésil)

**Finaliste des Jeux Olympiques :** 2012 (Brésil)

**→ PERSONNEL**

**Meilleur buteur de la Coupe du Brésil :** 2010 (Santos FC)

**Meilleur buteur de la Copa Libertadores :** 2012 (Santos FC)

**Meilleur buteur de la C1 :** 2015 (FC Barcelone)

**Meilleur buteur de la Coupe du Brésil :** 2010 (Santos FC)

**Meilleur buteur de la Copa Libertadores :** 2012 (Santos FC)

**Meilleur buteur de la C1 :** 2015 (FC Barcelone)

# NUMÉRO 10 À LA NEYMAR

## LE « POSTE »

Un meneur de jeu, comme son nom l'indique, doit posséder une parfaite palette technique, avoir une bonne vision du jeu et une capacité à orienter le jeu de son équipe en mettant sa vision du jeu au service du collectif. C'est à la fois un créateur, un visionnaire, un chef d'orchestre…

Dans le football moderne, les entraîneurs et sélectionneurs ont tendance à utiliser de moins en moins de meneurs de jeu dans leur composition.

Le numéro 10 d'aujourd'hui peut évoluer en pointe, sur les ailes, ou derrière son avant-centre. Il doit savoir anticiper le jeu avant de recevoir le ballon, en étant capable de placer les autres attaquants de son équipe dans les meilleures conditions.
Le 10 moderne doit être doté d'excellentes qualités techniques, en maîtrisant jeu long et jeu court avec précision, tout en étant à même de jouer dans des petits espaces et de se défaire du marquage adverse.

Bien souvent, le 10 est à l'origine des buts. Il crée généralement le décalage en étant l'auteur de la dernière ou de l'avant-dernière passe. C'est peut-être le poste qui doit travailler le plus son placement. Tête pensante du jeu de son équipe, son temps est précieux. Au-delà des qualités techniques, il est primordial pour lui d'avoir une remarquable intelligence de jeu. Il donne le tempo du match. Accélère le jeu quand c'est nécessaire, crée des décalages, temporise pour permettre à son équipe de se reposer après une phase de pressing intense, par exemple.

## LES MEILLEURS NUMÉROS 10 :

Pelé, Alfredo Di Stéfano, Bobby Charlton, Larbi Benbarek, Michel Platini, Diego Maradona, Zinédine Zidane…

## LE 10 SELON NEYMAR

Neymar Júnior est un joueur offensif capable d'évoluer à tous les postes de l'attaque. Cela implique qu'il va chercher à percer la défense adverse, soit pour marquer directement, soit pour être à l'origine de l'occasion de but. Pour cela, il a pour avantage d'être l'un des meilleurs dribbleurs au monde.

« Quand je suis allé au PSG, je n'avais plus Messi à mes côtés, donc j'ai commencé à apprendre et à évoluer plus en numéro 10. J'ai commencé à être plus un numéro 10 qu'un ailier. Aujourd'hui, je peux jouer à n'importe quel poste en fonction de l'entraîneur », commentait le champion sur le site de la Fédération brésilienne de football en juillet 2021.

Neymar Júnior avait en effet l'habitude de jouer au poste d'ailier gauche au FC Barcelone et au Paris Saint-Germain sous l'ère Unai Emery. Aujourd'hui, il semble s'épanouir à ce poste de numéro 10, permettant une meilleure fluidité dans le jeu et une meilleure communication entre le milieu de terrain et l'attaque. Il est un vrai créateur de jeu. Moins individualiste, plus collectif. Un vrai meneur !

L'une des qualités de Neymar Júnior est sa capacité à se déplacer et se placer sur le terrain. Balle au pied, il peut anticiper les situations difficiles, quand, par exemple, l'adversaire renferme le jeu. Habile des deux pieds, il peut éliminer le défenseur chargé de le marquer, mais également démarquer ses coéquipiers et leur donner le ballon dans les meilleures conditions.

Neymar aime également feindre des mouvements et duper son adversaire, pour mieux se repositionner et intercepter le ballon. Capable d'effacer un joueur d'une talonnade ou d'une passe longue, de surprendre en changeant de rythme, il est également un passeur hors pair. La spécialité du Brésilien, en Seleção comme au PSG, est d'attendre le moment opportun avant que le joueur destinataire soit à la limite du hors-jeu. Cela permet à ce dernier d'avoir le plus d'avance possible sur son adversaire, et d'être décisif.

Certains s'agacent parfois de le voir perdre du temps à trop « charrier » ses adversaires, mais peut-on reprocher à un joueur de prendre du plaisir à jouer tout en excellant sur le terrain ?

**Ses forces sont :**

- sa précision technique ;
- son excellente vision du jeu ;
- la justesse de son placement ;
- sa capacité d'accélération sur quelques mètres.

# JOUE-LA TACTIQUE

## LE SYSTÈME DE JEU EN « 3-5-2 »

Cette formation a été très utilisée lors de la Coupe du monde 2002 par le Brésil (vainqueur) et l'Allemagne notamment, ou plus récemment réinstaurée par Thomas Tuchel pour certaines rencontres au PSG avec un duo Mbappé-Neymar devant. Dans le Championnat français, l'Olympique de Marseille, sous l'impulsion de Marcelo Bielsa et, récemment, de Jorge Sampaoli, utilise ce système.

La répartition des joueurs sur le terrain se décompose de la manière suivante : 3 défenseurs centraux, 5 milieux de terrain et 2 attaquants.

Cette disposition tactique densifie la défense centrale. Le but est de gagner la fameuse « bataille du milieu » en augmentant la capacité de l'équipe à récupérer rapidement le ballon loin de son but, et de contraindre l'adversaire à ressortir le ballon vers l'arrière. Dans ce cas, les deux attaquants prennent le relais pour maintenir la pression sur l'équipe adverse, qui sera contrainte de chercher un jeu long plus difficile à négocier.

## LES AVANTAGES

- ➜ La densité du milieu de terrain et l'occupation de toute la largeur du terrain.
- ➜ Le verrouillage de l'axe avec les 3 défenseurs centraux qui obligent l'adversaire à passer par les ailes.
- ➜ La possibilité d'un pressing sur l'équipe adverse avec 7 joueurs à disposition.
- ➜ La flexibilité du système grâce aux 2 milieux latéraux permettant un passage rapide d'une défense à 3 à une défense à 5.

## LES INCONVÉNIENTS

- ➜ Faiblesse défensive sur les ailes.
- ➜ Efforts physiques très importants demandés aux 2 milieux latéraux qui doivent occuper tout le couloir défensivement et offensivement.
- ➜ Les attaquants doivent proposer un maximum de solutions devant.

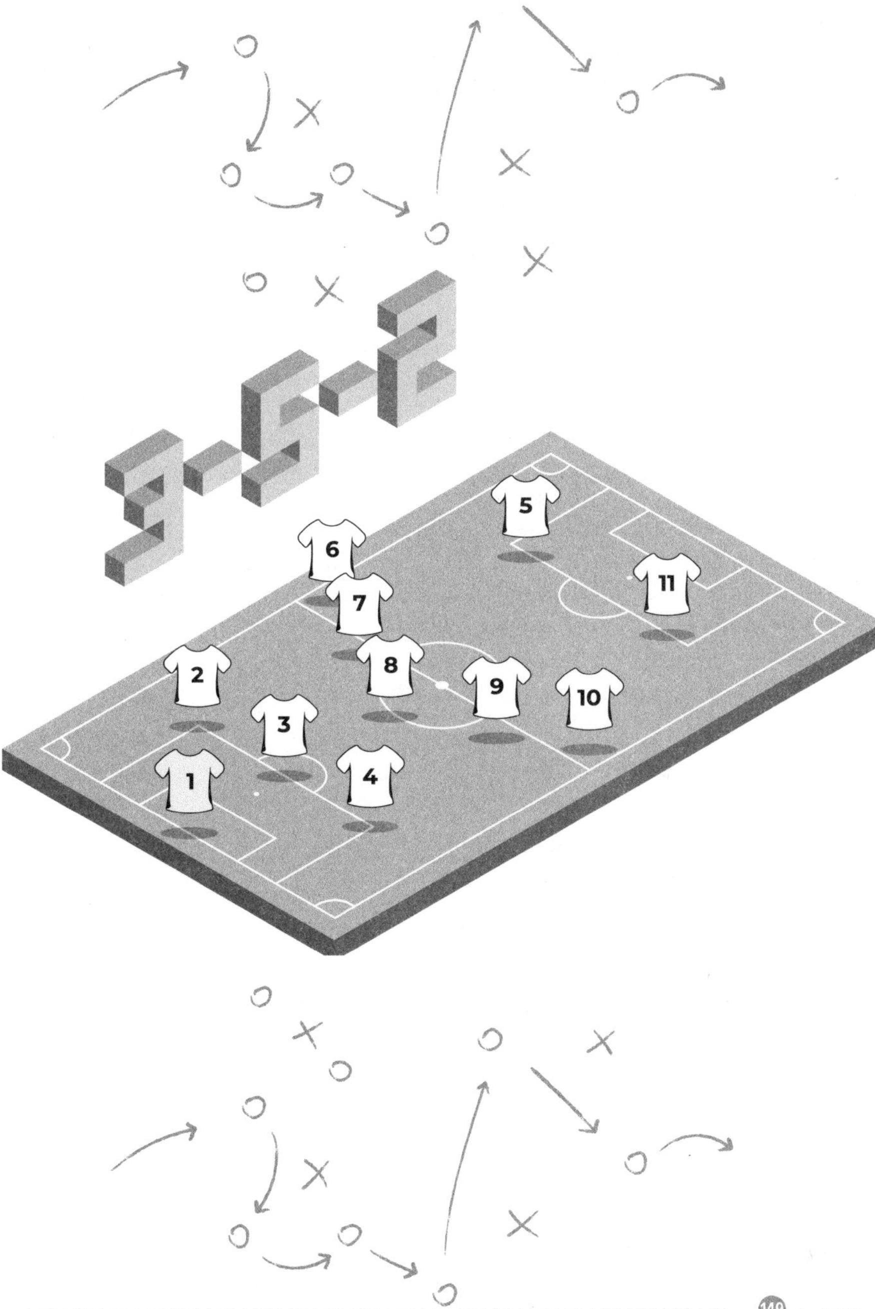
3-5-2
1
2
3
4
5
6
7
8
9
10
11

# ATTAQUANT POLYVALENT

Placé au plus haut sur le terrain, l'attaquant a pour rôle de marquer des buts, même si tous les joueurs de l'équipe peuvent le faire.

Selon l'organisation tactique choisie, le nombre d'attaquants au sein de l'équipe varie entre un et quatre. S'il y a un attaquant principal, il s'agit de l'attaquant de pointe. S'il y a deux attaquants, on les appelle l'avant droit et l'avant gauche. S'il y a trois attaquants, on qualifie celui placé à gauche d'« ailier gauche », celui placé à droite d'« ailier droit », celui du milieu, généralement plus avancé dans l'axe, étant l'attaquant de pointe ou avant-centre. Dans le cas d'une attaque à quatre, un deuxième attaquant est placé derrière l'avant-centre, en évoluant en « 10 » ou en « 9 1/2 ».

À son arrivée au Paris Saint-Germain en 2017, le Brésilien formait avec Kylian Mbappé et Edinson Cavani – avant son transfert à Manchester United — un trio d'attaque redouté. Surnommé « MCN » ou « NCM » par les médias, le trio fera ses preuves dès le premier grand rendez-vous en Ligue des champions face au Bayern Munich, en le remportant 3-0.

**Les qualités de l'attaquant sont :**

- La puissance dans les duels
- Une excellente finition
- L'efficacité et la vivacité de décision
- La vitesse
- Un bon jeu de pieds et de tête
- Un mental d'acier et l'audace

Attaquant, buteur, passeur, dribbleur, technicien hors pair, Neymar a été comparé au début de sa carrière au « roi » Pelé. Les deux joueurs ont d'ailleurs commencé dans le même club, le FC Santos.

Reconnu pour ses gestes techniques, sa qualité de dribble, sa rapidité et son efficacité dans n'importe quelle situation devant le but, il est capable d'éliminer ses adversaires grâce à sa maîtrise technique, avec, entre autres, de rapides passements de jambes. Régulièrement critiqué par les médias et les réseaux sociaux pour sa tendance affirmée à la simulation, en particulier lorsqu'il est dans la surface de réparation, il n'en est pas

moins un grand magicien du football ! Il est autant redouté par ses adversaires que par les arbitres.

« Plus technique que moi ? Je ne sais pas si je peux dire ça, avec toute l'humilité du monde, je me mets dans les joueurs les plus techniques aujourd'hui », estimait Neymar en 2021 dans une interview. Avant d'ajouter notamment : « Lionel Messi, c'est le numéro 1. Le plus grand de tous. Tous les clubs, tous les joueurs l'adorent. Tout le monde voudrait jouer avec lui. »

# À TOI DE JOUER !

1. Dans quel club Neymar Senior se fait-il engager en 1989 ?

2. Quel est le nom de l'entraîneur brésilien qui a repéré Neymar à l'âge de 6 ans ?

3. À quel âge Neymar Júnior signe-t-il son premier contrat avec le FC Santos ?

4. Quel est le nom de l'agent de « Ney » ?

5. De quel grand club européen Neymar reçoit-il et refuse-t-il une première proposition d'engagement en 2006 ?

6. Quel légendaire numéro 10 brésilien a joué au FC Santos ?

7. En quelle année Neymar est-il désigné meilleur buteur de la Copa do Brasil ?

8. Comment s'appelle le fils de Neymar Júnior ?

9. En quelle année le champion brésilien reçoit-il le prix Ferenc Puskás du plus beau but de la saison, remis par la FIFA ?

10. Contre quelle équipe nationale le FC Santos perd-il la finale des J.O. de Londres en 2012 ?

1. L'União Mogi das Cruzes FC ; 2. Betinho (Gilberto Carlos Nascimento dit) ; 3. À moins de 13 ans (12 ans, 9 mois et 5 jours !) ; 4. Wagner Ribeiro ; 5. Le Real Madrid ; 6. Pelé (Edson Arantes do Nascimento, dit) ; 7. En 2010 (avec 11 buts marqués) ; 8. Davi Lucca da Silva Santos ; 9. En 2011 ; 10. Le Mexique

# 5 MOTS EXPLIQUÉS

**Paradinha :**

Il s'agit d'une action consistant à s'arrêter lors de la frappe du ballon, à l'occasion d'un coup de pied de réparation (penalty). Entre-temps, le gardien a eu le temps d'aller au pressing et le but est ainsi grand ouvert, laissant le tireur tranquille pour inscrire son but. Longtemps tolérée par les instances du football, la paradinha a fini par être interdite par la FIFA. Dommage pour Neymar qui l'affectionne particulièrement !

**Pressing :**

Le pressing se réalise en phase défensive de non-possession de balle. Il a pour but d'empêcher la progression adverse sur le champ en pressant le porteur, en coupant les trajectoires de passes, en isolant le porteur du ballon…

**Retourné :**

Autre nom donné à la « bicyclette » ou « chalaca » – aussi appelée « ciseaux retournés », « retournée acrobatique », « ciseaux » ou encore « chilienne » –, le retourné est un tir de volée en extension où l'impulsion et le tir sont réalisés avec la même jambe ; les deux jambes se croisent alors dans les airs. La bicyclette retournée (tête en bas, amorcée dos au but) est généralement considérée comme le geste le plus spectaculaire du football.

**Talonnade :**

Geste consistant à frapper le ballon avec le talon pour le renvoyer en arrière. Rabah Madjer, lors de la finale de la Coupe d'Europe 1987 entre le FC Porto et le Bayern de Munich, inventa la « Madjer », geste consistant à laisser le ballon passer entre ses jambes et à le reprendre d'une talonnade derrière la jambe d'appui. Les Munichois menaient au score quand le footballeur algérien égalisa à un quart d'heure de la fin du match grâce à son geste, repris aujourd'hui par beaucoup de joueurs.

**Une-deux :**

Il s'agit d'un enchaînement de deux passes rapides et consécutives entre deux partenaires lors d'une situation offensive dans le but de percer la défense adverse.

# TABLE DES MATIÈRES